Couverture inférieure manquante

LES
CHAPITRES NOBLES
DE LORRAINE.

LES
CHAPITRES NOBLES DE LORRAINE.

LE CHAPITRE D'ÉPINAL.

Les chapitres séculiers de femmes furent assez nombreux au moyen âge et jouèrent souvent un rôle important. Nées du régime monacal, conservant toujours, mais en apparence seulement, les règles monastiques, ces maisons devinrent le refuge d'une foule de dames des plus grandes familles. Elles enfouissaient là leurs fautes ou leurs malheurs, quelquefois y jouissaient des faveurs d'une fortune que le monde féodal leur avait refusée. Ce n'était point seulement, en effet, un titre et une preuve de noblesse que d'être reçue chanoinesse. Il y avait des avantages réels et matériels attachés à cette dignité. La femme, privée dans la famille, telle que l'avait constituée la féodalité, de la puissance et de la fortune paternelles, retrouvait là honneurs, puissance et richesse. Elle les obtenait sans pour cela renoncer au monde, sans s'astreindre à la vie ascétique du cloître; elle conservait toute sa liberté d'action, toute son initiative. Si quelques obligations l'enchaînaient au chapitre dont elle faisait partie, loin d'en souffrir, elle trouvait dans ses règlements la satisfaction de ses penchants aristocratiques. La chanoinesse noble était, pour ainsi dire, un seigneur féodal; elle avait comme lui son suzerain, qui était l'abbesse, à laquelle elle devait obéissance; elle avait souvent droit de basse, de moyenne et de haute justice dans les seigneuries pour lesquelles elle était apprébendée. Elle devait, comme le seigneur, certaines redevances; comme lui aussi, elle avait sa maison, son train, son autorité. C'était, du moins, ce qui se passait dans les plus célèbres des chapitres lorrains dont les archives nous restent et dont l'histoire est si peu connue. On a, en effet, étudié les vicissitudes, l'organisation intérieure des grandes abbayes d'hommes et de femmes qui couvraient le sol de la France avant 1789. On sait maintenant, grâce à des travaux aussi pleins d'attrait que d'érudition[1], quels étaient les mille rouages, les mille détails de la vie monacale. Mais sait-on de même quels étaient les règlements, l'organisation, la vie intérieure des chapitres séculiers, et des chapitres nobles de femmes, en particulier? Pour notre part, nous ne connaissons sur ce sujet aucun travail spécial. Il y a pourtant là une question curieuse et neuve à traiter. En Lorraine seulement, les documents abondent. Ne serait-ce que les archives des chapitres nobles d'Épinal et de Remiremont, dont la majeure partie est aujourd'hui conservée au dépôt départemental des Vosges, qu'ils fourniraient déjà de nombreux et précieux documents. C'est à ce dépôt que nous empruntons les documents que nous publions aujourd'hui, et qui sont, pour la plupart, complètement inédits. Ils concernent spécialement le chapitre noble de Saint-Goëry d'Épinal. Pour en faire apprécier la valeur, il ne sera peut-être pas sans intérêt de rappeler, en quelques mots, l'origine et la constitution de cette maison, aujourd'hui fort ignorées.

La fondation du chapitre d'Épinal remonte à la fondation de la ville elle-même, c'est-à-dire au xe siècle[2]. Ce fut Thierry de Hamelant, évêque de Metz, qui, vers 97., fonda, dans le *pagus Calvomontensis*, près de l'une de ses résidences épiscopales, appelée *Spinal*, un monastère de femmes, sous l'invocation des saints Maurice et Goery et sous la règle de saint Benoît. Cette maison fut placée par l'évêque, sous la protection spéciale des empereurs d'Allemagne, des papes, des ducs, qui étaient chargés de défendre ses possessions. Dès 983, nous voyons l'empereur Othon II confirmer sa fondation; en 1003, c'est l'empereur Henri II qui prend le monastère de Saint-Goery sous sa protection et le dote de biens considérables[3]. Les papes, les évêques de Metz et de Toul, les ducs de Lorraine, les puissants seigneurs lorrains, lui continuèrent cette haute protection, et le monastère ne tarda pas, sous d'aussi puissants auspices, à devenir l'un des plus florissants de Lorraine. Mais à mesure que croissaient les richesses, la règle monastique se relâchait de plus en plus. On oublia insensiblement la tradition des fondateurs, de sorte que, dès le commencement du xiiie siècle, dès le xiie même, nous voyons disparaître l'organisation régulière et appa-

---

[1] Les études de M. d'Arbois de Jubainville, sur l'organisation intérieure des abbayes cisterciennes, par exemple.
[2] Chronique de St Vincent de Metz.
[3] Archiv. des Vosges, Fonds du chapitre d'Épinal.

raître le chapitre, l'organisation féodale, conservant encore des souvenirs, qui deviennent promptement confus, de la règle austère de saint Benoît. Le même fait se reproduit à Remiremont, à Poussay, et dans presque tous les monastères sécularisés. Dans un grand nombre même, la sécularisation eut lieu beaucoup plus tôt qu'on ne le suppose. Nous n'oserions point affirmer qu'à Epinal, et à Remiremont surtout, elle n'eut lieu qu'au XIII° siècle. Peut-être un jour pourrons-nous réunir les preuves nécessaires pour fixer ce fait curieux. Alors nous voyons ces mêmes maisons, dans leur régime intérieur, se séparer presque complétement de la vie des abbayes, établir des règlements spéciaux qui, conservant en principe l'élément religieux, transforment chaque monastère en une sorte de confrérie laïque. Il ne sera plus nécessaire de se vouer à la vie religieuse pour faire partie de la nouvelle société : une partie des obligations imposées par la règle seront complétement supprimées ; la rigueur de celles qui subsisteront encore sera considérablement atténuée. La religieuse, devenue chanoinesse, ne fera plus aucun vœu : elle sera libre de quitter le chapitre, de vaquer à ses propres affaires, de se marier, de disposer de ses biens, de tester après en avoir obtenu la permission de l'abbesse, qui ne pourra la lui refuser. Le règlement spécial du chapitre deviendra une sorte d'intermédiaire entre l'austère règle religieuse, dont il conservera certaines parties, et la société féodale, à laquelle il empruntera ses principaux articles. Mais, en revanche, pour entrer dans le chapitre, il faudra faire ses preuves de noblesse, établir sa généalogie sur des titres certains, incontestables. Ils seront examinés et affirmés exacts par des témoins dignes de foi, et la moindre lacune sera suffisante pour faire exclure la postulante. L'âge n'y faisait rien. Dès que, pour ce qui concerne spécialement le chapitre d'Epinal, une dame pouvait faire preuve de huit degrés de noblesse, quatre du côté paternel et quatre du côté maternel, tous de gentilshommes dont la noblesse n'eût point pour origine une personne de robe, elle pouvait être appréhendée.

Alors avait lieu la cérémonie de l'appréhendement, avec tout le luxe et toute la pompe possibles. L'abbesse, en manteau d'église, à la place qui lui était réservée au chœur, attendait solennellement la récipiendaire. La dame, dont les preuves de noblesse avaient été faites auparavant, précédée par les officiers du chapitre, les chanoines portant les saints Evangiles, sur lesquels elle allait jurer, le prévôt, portant la coupe dans laquelle elle allait boire, le grenetier, portant des pains de poids déterminé[1], escortée de quatre dames également en manteau de chœur, s'avançait vers l'abbesse, qui lui adressait ces paroles : « *Ma fille, que demandez-vous ?* » — A ces mots, la récipiendaire répondait : « *Je demande le pain et le vin de Saint-Goery, pour l'honneur de Dieu et de la sainte Vierge.* » — A quoi l'abbesse répondait : « *Ma fille, je vous donne le pain de cette église et vous admets de notre compagnie.* » Puis elle la revêtait du manteau de chœur en présence de toutes les dames et de l'assistance entière. Elle devait encore certaines redevances pour les aumônes, pour l'entretien de l'église, etc. ; mais elle était dès lors chanoinesse et jouissait de tous les droits, prérogatives et revenus attachés à sa prébende. Elle entrait dans la société capitulaire comme le jeune damoiseau, devenu chevalier, entrait dans la vie féodale. Elle assistait alors aux réunions capitulaires, avait son rang marqué à tous les exercices et pouvait aspirer à toutes les dignités.

On comprend, d'après cet aperçu fort succinct de l'organisation et de la constitution des chapitres, quel intérêt s'attache aujourd'hui à la connaissance des pièces concernant ces maisons, et surtout de celles qui peuvent jeter quelque lumière sur les familles qui ont été représentées dans ces chapitres. Malheureusement, là comme ailleurs, comme dans toutes les branches de l'histoire, les lacunes sont nombreuses, les dilapidations d'archives ont été fréquentes. C'est ainsi que le dépôt des Vosges, qui possède plus de 150 mille pièces concernant le célèbre chapitre de Remiremont, ne contient pas un seul des arbres de lignes des dames qui étaient reçues chanoinesses. Tous ces titres précieux ont été brûlés au Champ-de-Mars, à Epinal, et on peut lire le procès-verbal de ce vandalisme dans les registres du Directoire du département des Vosges. Le même jour vit anéantir aussi les arbres de lignes, les titres généalogiques, les preuves de noblesse, qui avaient été trouvés dans les archives du chapitre d'Epinal. Mais pour celui-ci, fort heureusement, le mal n'est pas irrémédiable, et le dépôt départemental possède aujourd'hui, dans le fonds de ce chapitre, un inventaire aussi intéressant que complet, rédigé en 1779, et où les preuves et les arbres

---

[1] A Epinal, le grenetier portait 12 pains dont le poids devait être de deux livres au moins pour chacun.

de lignes d'un grand nombre de dames se trouvent copiés in extenso. Ce précieux registre contient également l'inventaire des titres relatifs aux élections d'abbesses, de doyennes et autres dignitaires du chapitre. Nous avons trouvé là une foule de renseignements précieux à recueillir sur l'ancienne noblesse lorraine et sur ses alliances. L'examen que nous avons fait de quelques analyses nous a permis de contrôler, en ce qui concerne les abbesses, les travaux de Dom Calmet et des auteurs de la *Gallia christiana*, de les corriger en certains points, de les compléter en d'autres. Enfin, nous avons cru qu'il y aurait quelqu'intérêt à connaître les arbres généalogiques d'un certain nombre de dames dont les familles ne sont point encore éteintes. Nous publions donc, en les accompagnant de notes et d'éclaircissements :

1° Une liste des abbesses du chapitre d'Epinal, contenant les analyses des pièces relatives à leur abbatiat ;

2° L'analyse des pièces qui concernent les doyennes, les secrètes et autres dignitaires ;

3° Un certain nombre d'appréhendements et d'actes de baptême que nous avons retrouvés ;

4° Un certain nombre d'arbres de lignes ;

5° Enfin, une liste générale, aussi complète que possible, des chanoinesses de ce chapitre.

Puissions-nous fournir quelques renseignements utiles à ceux qu'intéresse plus particulièrement ce genre de documents, et provoquer l'attention des généalogistes lorrains sur une mine encore inexplorée, et qui cependant contient de grandes richesses.

ABBESSES.

VOICI LES SERMENTS QUE LES DAMES ABBESSES DEVAIENT PRÊTER LORS DE LEUR ÉLECTION :

Articles du serment que les dames abbesse, doyenne et chapitre de l'église collégiale Saint-Goery d'Espinal ont coustume de demander aux dames pourvues de la dignité abbatialle d'icelle eglise en leur prise de possession :

Madame, ensuite de la coustume de nostre esglise, en mon nom et celuy de nos dames et chapitre, je vous prie et requiert qu'il vous plaise de prester le serment accoustumé par les dames abbesses, vos predecesseresses, au contenu des articles suivants :

I. Que vous garderé, entretiendré et observeré, feré garder, entretenir et observer à vostre loyal pouvoir, le cours de votre abbatissat, les ordonnances, franchisses, libertez, usages et priviléges anciens de nostre dicte eglise sans aller ny faire aller au contraire, en manière que ce soit ;

II. Que vous renouvelleré la séparation des biens d'icelle quand temps sera, et que requise en seré,

III. Que vous feré l'ordonnance des prebendes, selon la coustume ancienne d'icelle, ainsy qu'ont faict les dames abbesses vos predecesseresses ;

IV. Que vous donneré licence et congé à nous, dames et chascune de nous, de faire passer et ordonner testament, toutes et quantes fois que vous en seré requise par nous et chacune de nous, et que mestier en sera ;

V. Que ne debveré et ne pourré empescher aucune dame de nostre dicte esglise de jouyr des fruicts de leur année de grace, quand aucune d'icelles ira de vie a trespas, ains leur en laisseré la jouyssance paisible comme il a esté pratiqué de tout temps en nostre dicte eglise ;

VI. Que n'esleveré et ne feré eslever en icelle ou sur ses supports, nouvelletez aucunes qui luy puissent estre prejudiciables, si ce n'est du gré et consentement de la plus grande et saine partie des dictes dames et chapitre.

Devant le portail de l'esglise :

Madame, la coustume de nostre esglise est que debvé reitérer icy le serment qu'avé faict tantost.

Devant le grand autel :

Madame, nous vous requerrons de faire icy, pour la troisième fois, le serment que venés de faire.

Lorsque Madame sera en son siège :

Madame, les dames, vos predecesseresses, prenant possession de ceste esglise, ont toujours promis de favoriser, cherir et aymer les dames de ceste esglise, nous vous prions d'en faire le mesme.

Forme du serment que les dames pourveues de l'abbaye Saint-Goery d'Espinal sont requises par les dames doyenne et chapitre de prester en leur prinse de possession :

Je N. esleue abbesse de l'eglise collegialle Saint-Goery d'Espinal, promect et jure que je garderay, entretiendray et observeray, feray entretenir et observer à mon loyal pouvoir, le cours de mon abbatissat, les ordonnances, franchises, libertez, usages et privilèges anciens de nostre église, sans aller ou faire aller au contraire en manière que ce soit.

Que tantost après que je seray sommée et requise et que le temps sera convenable, je renouvelleray la separation des biens et fruictz despendants d'icelle ;

Que je feray l'ordonnance des prebendes, selon l'usage ancien et accompliray les articles proposez en la forme et manière qu'ils m'ont esté déclairez sans difficulté ou contradictions quelconques.

Lorsqu'une abbesse mourait, aussitôt que son décès était constaté, la dame doyenne ou celle qui présidait, accompagnée de quelques dames du chapitre avec le prévôt, devait apposer le sceau du chapitre dans la maison abbatiale sans participation d'aucune justice. Ensuite, à heure convenable, la doyenne devait assembler le chapitre, lui faire part de la vacance de l'abbaye et lui demander de procéder à l'élection d'une nouvelle abbesse. Selon les anciens usages du chapitre, il était fixé à l'avance un jour pour cette élection, six semaines après la mort de la titulaire, on en dressait acte qui était affiché sur les portes de l'église et sur les portes des maisons des dames absentes. Outre cela, le secrétaire du chapitre écrivait aux dames absentes pour les avertir du jour de l'élection qui ne pouvait être devancé ni retardé. Ce jour arrivé on procédait à l'élection et à l'installation de la nouvelle titulaire.

LISTE DES ABBESSES DU CHAPITRE DE SAINT-GOËRY D'ÉPINAL.

I. *Diceburhis, Dietburch* (970-10...). — D'après les chroniques de Saint-Symphorien et de Saint-Vincent de Metz, le monastère d'Épinal ayant été fondé vers 970, il y eut nécessairement une abbesse à cette époque. Rien ne nous indique son nom. Mais tout laisse supposer que celle qui paraît dans le diplôme donné en 1003 par Henri le Saint, et qui est désignée sous le nom de Dietburch, a été la première des abbesses d'Épinal. C'est le sentiment de Dom Calmet [1] et des auteurs de la *Gallia christiana*. Le diplôme original d'Henri le Saint, conservé à la Bibliothèque d'Épinal, dit que ce fut à la prière de cette abbesse qu'il confirma les biens du monastère et lui en donna de nouveaux. Elle paraît avoir appartenu à une famille jouant un certain rôle dans les conseils de l'Empereur.

II. *Adeleide* (10...). — Cette abbesse paraît être la seconde qui ait occupé le siège abbatial. La *Gallia christiana* et Dom Calmet la mettent après Dietburch. Le seul titre qui nous prouve son existence est une charte de Pibon, évêque de Toul, en faveur du monastère, dans laquelle on lit : *Domina abbatissa Spinalensis nomine Adheledis* [2]. Il est du 10 octobre 1090. Mais n'est-il pas extraordinaire que de 1003 à 1090 il n'y ait eu qu'une abbesse ; cette période, qui renferme près d'un siècle, est bien grande et il paraît y avoir là une lacune. Malheureusement le manque de documents précis nous empêche de la combler et on est nécessairement réduit aux conjectures.

III. *Haceca*. — Il en est de même pour l'abbesse que la *Gallia christiana* et Dom Calmet placent la troisième. Dom Calmet ne cite d'acte où elle paraisse que celui de 1128 ; la *Gallia christiana* dit : *Eadem sane est abbatissa cui Ricuinus, Tullensis antistes, donationes monasterio indultas confirmavit*. Ni l'un ni l'autre ne citent d'actes entre 1090, époque où on trouve une mention de l'abbesse Adheledis, et 1128, époque où on rencontre Haceca. Pour ce qui concerne cette abbesse, on doit supposer, avec quelque vraisemblance, qu'elle succéda vraiment à Adheledis, puisqu'une période

---

[1] Dom Calmet, tome II, de l'édit de 1775.
[2] Archiv. des Vosges, fonds du chapitre d'Épinal.

de trente-huit ans sépare seulement les deux actes dans lesquels nous rencontrons ces deux abbesses.

IV. *Berthe*. — Cette abbesse vivait en 1140. Elle obtint, cette année, d'Étienne, évêque de Metz, une charte qui réglait un différend entre elle et l'archidiacre Gauthier [1]. Elle mourut, si l'on en croit le *Nécrologe de Remiremont,* cité par Dom Calmet, le 13 janvier. Mais en quelle année? Le *Nécrologe* est muet à cet égard et aucun renseignement ne nous permet de le compléter. Cependant, si l'on en croit certains titres des archives du chapitre, cette Berthe appartenait à l'une des grandes familles de Lorraine, aux comtes de Salm. C'est ce que laisse supposer un registre des droits honorifiques du chapitre d'Épinal. Mais ce registre, ayant été rédigé dans le xviii⁰ siècle, et ne donnant point, au cas particulier, les preuves de ce qu'il avance, ne mérite qu'une médiocre attention. Nous n'avons rien découvert qui puisse permettre de contrôler ce renseignement. S'il est vrai, il aurait un assez grand intérêt, il prouverait que, dès le milieu du xiiᵉ siècle, la première dignité du monastère était donnée à l'un des membres d'une des grandes maisons de Lorraine et qu'il tendait déjà à se séculariser. Mais nous avons, en vain, cherché la confirmation de cette assertion dans les archives du chapitre.

V. *Hozca-Acique*. — La *Gallia christiana* et Dom Calmet ne sont point d'accord sur le nom de l'abbesse qui succéda à Berthe. Ce dernier cite une abbesse nommée Hozca qu'il place en 1173; il ajoute qu'elle avait quatorze religieuses composant son chapitre et cinq chapelains pour les desservir. Mais il ne cite point la pièce qui lui a fourni ce détail; les auteurs de la *Gallia* ne l'ont point connue, puisqu'ils ne citent pas cette abbesse. Il est d'autant plus permis de douter, dans ce cas, de l'assertion de l'historien de Lorraine que lui-même en donnant à Acique le sixième rang parmi les abbesses d'Épinal, dit que cette Acique est *peut-être* la même que la précédente. Ce doute est éclairci par la *Gallia christiana*, qui tout en répétant que l'abbesse Hozca est peut-être la même qu'Acique, ajoute qu'elle paraît sous ces deux noms dans deux priviléges de Pierre de Brixey, évêque de Toul, l'un confirmant les biens du monastère, l'autre permettant de donner la sépulture aux étrangers, dans

[1] *Gall. Christiana*, tome XIII.

l'église, en temps interdit. Les auteurs de ce savant recueil ajoutent que cette abbesse existait encore en 1173 et 1180, et que, pendant son abbatiat, il y avait quatorze religieuses et cinq chapelains chargés du temporel [1]. Ce dernier renseignement puisé aux mêmes sources que Dom Calmet n'éclaire guère la question de savoir si Hozca et Acique sont une seule et même personne, ayant paru sous deux noms différents. Les seuls renseignements que nous puissions ajouter sont ceux-ci : Azique ou Acique paraît dans une bulle du pape Alexandre III, du 15 janvier 1177, adressée à *Asichæ, abbatissæ Spinalensis* [2] ; elle paraît encore dans une charte de Pierre, évêque de Toul, sans date, et qui se trouve au cartulaire. Il paraît donc à peu près certain que Hozca et Acique sont une seule et même abbesse et qu'il n'y a pas lieu, comme le fait Dom Calmet, d'en faire deux personnes distinctes. Quelle preuve a-t-on de l'existence de cette Hozca? Quelle preuve en avait Dom Calmet lui-même qui, tout en la mentionnant, exprime des doutes sur son abbatiat? La seule hypothèse que l'on puisse raisonnablement faire pour expliquer la présence de cette Hozca au monastère, c'est que, entre Berthe dite de Salm, qui paraît en 1140 et Acique qui ne paraît qu'en 1173, il s'est écoulé un espace de trente-trois ans. Mais si l'on songe en outre que cette date de 1173 peut bien être postérieure de plusieurs années à l'avènement d'Acique au siége abbatial, on sera ramené dans les limites du possible et il sera permis alors de ne point attacher à l'hypothèse, qui fait d'Hozca une abbesse d'Épinal, plus d'importance qu'elle n'en a réellement. On aura pour soi Dom Calmet lui-même qui, loin d'affirmer quoi que ce soit, se contente d'une simple citation et la *Gallia* qui dit positivement que Hozca et Acique ont été une seule et même abbesse sous deux noms différents. Ainsi sont conciliées les diverses opinions et ainsi est expliquée la dissonance qui paraît exister entre l'historien lorrain et la *Gallia christiana*.

VI. *Sibille.* — Selon toute vraisemblance, l'abbesse qui succéda à Acique fut Sibille, qui n'est point mentionnée sous un autre nom dans les documents fort rares d'ailleurs qui nous restent et où elle paraît. Elle vivait en 1184 [3]. Elle obtint de Luce III, le XIII des ka-

---

[1] *Gall. Christiana*, tome XIII.
[2] Archiv. des Vosges, Invent. du chapitre d'Épinal.
[3] Dom Calmet, tome II.

lendes de juillet 1185, une bulle lui permettant d'établir quatre chanoines dans le monastère, pour célébrer les offices. En 1198, c'est encore elle qui obtint de Bertrand, évêque de Metz, la confirmation des dons qui avaient été faits par Étienne, son prédécesseur. Tels sont les renseignements qui nous sont fournis sur cette abbesse. Après elle, la confusion est encore plus grande. De 1198, dernière date à laquelle nous la voyons paraître, jusqu'à 1235, nous ne trouvons que le nom d'une seule abbesse.

VII. *Hadey*. — Elle n'est mentionnée que dans un titre de 1235 donné par Foulques-de-Ville et scellé de Seherus, abbé de Chaumousey.

VIII. *Clémence d'Autrey*. — D'après les registres des droits honorifiques du chapitre, Hadey eut pour successeur au siége abbatial une Clémence d'Autrey, qui n'est mentionnée ni par Dom Calmet, ni par la *Gallia christiana*. Elle vivait en 1274.

IX. *Agnès*. — D'après le même registre, Clémence d'Autrey eut pour successeur au siége abbatial une abbesse du nom d'Agnès qui vécut de 1280 à 1294.

X. *Jeanne de Balleroy*. — Elle eut pour successeur, en 1303, Jeanne de Balleroy, que nous voyons encore abbesse en 1316. La présence de ces trois abbesses, Clémence d'Autrey, Agnès et Jeanne, comble pour nous une lacune certaine entre 1235, époque où nous voyons figurer Hadey, et 1340, époque où paraît une seconde abbesse du nom de Clémence d'Autrey.

XI. *Clémence d'Autrey II*. — Elle succéda à Jeanne de Balleroy. Elle appartenait à une famille des Vosges qui donna plusieurs chanoinesses à Épinal. Elle tint le siége abbatial jusqu'au 24 juin 1357, jour de sa mort. Nous voyons par l'acte d'élection de Guillemette de Ville qui lui succéda, qu'une Marguerite d'Autrey se trouvait au chapitre à l'époque de sa mort. C'était la seconde de la même famille et du nom de Clémence qui tenait le siége abbatial. A cette abbesse s'arrête, pour nous, la période d'incertitude. A partir de 1357, en effet, nous avons des documents certains pour la liste des abbesses d'Épinal.

XII. *Guillemette de Ville*. — A peine indiquée dans Dom Calmet et la *Gallia christiana*, Guillemette de Ville fut élue abbesse à la mort de Clémence d'Autrey. Après avoir donné la sépulture à cette abbesse décédée, comme nous l'avons vu, le 24 juin 1457, Guyete, doyenne, Guillemette de Bouzeval, Marguerite de Herbeviller, Catherine de Saint-Remi, Sibille d'Ameyrecourt, Clémence et Agnès d'Avillers, Béatrix de Saint-Loup, Simonette d'Engoulevent, Jacquette de Vy, Adélaïde d'Aulnoy, Marguerite d'Autrey, Jeanne de Demengeville, présentes au chapitre, prirent jour au 4 juillet suivant pour élire une abbesse. L'élection eut lieu, et ce fut sur Guillemette de Ville que tomba leur choix. Elle appartenait à la famille des de Ville dont plusieurs membres occupèrent de hautes fonctions à la cour de Lorraine ; elle vivait encore en 1393, selon Dom Calmet.

XIII. *Jeanne d'Ogeviller.* — Différents titres indiquent comme ayant succédé à Guillemette de Ville une Jeanne d'Ogeviller, mentionnée seulement par les historiens lorrains, et qui mourut le 17 décembre 1393.

XIV. *Catherine de Blamont.* — Le 30 décembre 1393, après la mort de Jeanne d'Ogeviller, le chapitre composé de Marguerite de Contreglise, doyenne, Guillemette de Chatenoy, Huguette de Lambrey, Catherine de Saint-Loup, Simonette d'Amoncourt, Jeannette de Porcellet, Alix de Bussignecourt, élurent pour abbesse Catherine de Blamont, l'autorisèrent et la mirent en possession du siége abbatial en présence de messire Thiébault de Blamont et de Jean de Launoy, chevaliers. Mais cette élection ne fut point unanime, et plusieurs dames refusèrent d'y prendre part. Parmi celles-ci, on peut citer Marguerite d'Autrey, Jeanne de Maseroy, Jeanne de Laveline et Alix de Bouzeval. Cependant, malgré leur protestation, l'élection fut confirmée par le vicaire général de l'évêché de Toul, et, le 4 janvier 1393, Catherine de Blamont fut reconnue abbesse d'Épinal. Elle le fut jusqu'à ce qu'elle devînt abbesse de Remiremont en 1403, selon la *Gallia*, en 1404, selon Dom Calmet qui donne cette date avec exactitude, mais qui est dans l'erreur lorsqu'il dit qu'en 1408 cette même abbesse prenait encore le titre d'abbesse d'Épinal, puisque depuis le 14 mai 1404 cette dignité était le partage de Marguerite de Contreglise. Catherine de Blamont appartenait à la famille des sires de Blamont qui fondèrent, au xiv° siècle, l'église collégiale de ce nom.

XV. *Marguerite de Contreglise.* — Après l'acceptation par

Catherine de Blamont de l'abbatiat de Remiremont, le chapitre d'Épinal, composé de Mmes Marguerite de Contreglise, Jeanne de Maiseroy, Guillaume de Chatenoy, Jeanne de Laveline, Marie de Germiny, Alix de Bouzeval et Jeanne d'Amoncourt, élut, le 14 mai 1404, noble et honorée dame Marguerite de Contreglise, en présence de Liébault de Saint-Amand, écuyer, et de plusieurs autres témoins. Toutefois, il y eut quelques difficultés pour l'acceptation de cette élection par l'évêque de Toul. Le chapitre fut obligé d'adresser directement une supplique au pape pour obtenir la confirmation de cette élection qui fut donnée par le Saint-Siége. Cette abbesse que Dom Calmet et la *Gallia* ne font que mentionner, tint le siége abbatial jusqu'à l'année 1423, époque à laquelle fut nommée Walburje de Blamont.

XVI. *Walburje de Blamont.* — Elle succéda à Marguerite de Contreglise; elle fut nommée dans le courant de l'année 1423 et non en 1420, comme le dit Dom Calmet. Elle prêta, le 23 février 1423, en présence du chapitre entier, le serment accoutumé aux dames abbesses. Elle tint le siége abbatial jusqu'au 26 juin 1439.

XVII. *Alix d'Amoncourt.* — Elle succéda à Walburje de Blamont. Dom Calmet place la nomination de cette abbesse en 1440. Nous voyons, par l'acte de ratification de son élection par Mmes Alix de Bussignécourt, doyenne, Jeannette de Balmette, Jeannette de Grachault, Guyette de Vaudelaincourt, Henriette de Charmoille, Jeannette de Vic, Huguette de Maisières, Jeannette d'Aubonne, Mahault de Lagney, Jeannette de Port et Jeannette de Coblans, que l'historien lorrain est dans l'erreur. Cet acte est du 26 juin 1439. L'époque de sa mort n'a également pas été exactement indiquée par l'historien de Lorraine qui la place à la date du 4 septembre 1460. L'acte de prestation de serment d'Adeline de Menoux étant du 3 septembre 1460, il est impossible que l'abbesse qui nous occupe ne soit morte que le 4. La *Gallia* n'ajoute pas de renseignements à ceux fournis par Dom Calmet; elle se contente d'indiquer les dates de 1440 et de 1460 en ajoutant que cette Alix d'Amoncourt mourut le 14 septembre. Nous voyons par les documents puisés dans les archives du chapitre que ces dates ne sauraient être acceptées.

XVIII. *Adeline de Menoux.* — Adeline de Menoux succéda à Mme d'Amoncourt. Le 3 septembre 1460, sur le point d'être élue abbesse, elle prêta serment à la réquisition de Mmes Catherine de Charmes, doyenne, Laurence de Port, secrète, Mahault de Lugny, Jeanne de Grachault, Henriette de Charmoille, Jeanne d'Augicourt, et Jeanne de Coblans, en présence d'Étienne Baudenot, bailli d'Épinal, de Ferry Deslye de Dompaire et de Guillaume de Menoux. Le 11 janvier 1460, après son élection et sa confirmation, elle prêta encore un second serment à la requête des mêmes dames, en présence du susdit Étienne Baudenot, de Guillaume de La Salle, gouverneur d'Épinal, d'Henri de Siccon, seigneur de Juvigny, de Ferry de Saint-Loup, de Guillaume de Valleroy, de Jean du Port et de Jean Guillaume d'Aubonne. Elle tint le siége abbatial pendant trente et un ans, et mourut en 1491 et non en 1484, comme le rapportent Dom Calmet et la *Gallia Christiana*.

XIX. *Nicole de Dommartin*. — Après avoir été apprébendée au chapitre d'assez bonne heure, Nicole de Dommartin fut élue abbesse en remplacement d'Adeline de Menoux, et prêta serment le 14 octobre 1491, à la réquisition de Mmes Catherine de Charmes, doyenne, Jeanne d'Augicourt, secrète, Jeanne de Coblans, Guyette de Charmes, Alix de Montaigu, Catherine d'Augicourt, Marguerite de Bricon, Simonette de Coblans, Catherine de Raincourt, Isabelle de Saint-Loup, Marguerite de Lambrey, Jeanne de Tantonville, et en présence de noble seigneur Ferry de Parroye, chevalier. Elle tint le siége jusqu'en 1528, époque à laquelle elle devint abbesse de Remiremont.

XX. *Alix de Dommartin*. — Choisie pour coadjutrice par Nicole de Dommartin, Alix lui succéda au siége abbatial d'Épinal. Elle prêta serment en cette qualité le 20 octobre 1528, en présence de Léonarde de Lambrey, doyenne, de Marguerite de Vallée, secrète, de Catherine de Raincourt, de Marguerite de Lambrey, de Jeanne de Balmette, de Léonarde de Lambrey la jeune, de Guillemette du Plessis, de Benigne de Lambrey, de Claudine d'Ancourt, d'Anne de Darnieulles, d'Anne de Ludres, de Simonne d'Eully, d'Isabelle d'Orchamps, de Marguerite d'Aubonne et de Huguette de Vouxey, composant alors le chapitre, et en présence de Jean des Pilliers et de plusieurs autres chevaliers. Elle tint le siége abbatial jusqu'à sa mort, arrivée en 1558.

XXI. *Iolande de Bassompierre*. — Iolande de Bassompierre fut la première de cette fameuse famille qui occupa le siége abbatial d'Épinal. Elle était fille de François de Bassompierre et était née en 1536. Elle fut appréhendée de très-bonne heure. Elle prêta serment, comme abbesse, en 1558, en présence de Simonne de Lye, doyenne, Isabeau d'Orchamps, secrète, Claude d'Aucourt, Claude de Neufchâtel, Marguerite d'Aubonne, Philippe de Thuillières, Claudine de Grammont, et Benigne de Citelz. Elle fonda le couvent des Minimes d'Épinal et mourut le 21 avril 1621, après avoir choisi pour coadjutrice sa nièce, Claude de Cussigni, qui lui succéda, ainsi que l'indiquent Dom Calmet et la *Gallia christiana*.

XXII. *Claude de Cussigny*. — Claude de Cussigny de Bassompierre, après avoir été appréhendée à l'âge de deux ans, obtint du pape Sixte IV, le 16 juillet 1586, ses bulles de coadjutorerie pour l'abbatiat d'Épinal à la demande d'Iolande de Bassompierre. Le 25 juin 1587, un décret de Charles III, duc de Lorraine, donna à ladite dame la permission de faire intimer ces bulles de coadjutorerie, au chapitre, et de prendre possession. Le 26 août 1589, elle prêta serment entre les mains de l'official de Toul, délégué du Saint-Siége, comme coadjutrice de sa tante. Enfin, à la mort de celle-ci, elle devint abbesse et prêta serment en cette qualité le 26 août 1621, en présence de Catherine Diane de Gournay, doyenne, de Jeanne de Lenoncourt, secrète, d'Isabelle de Grammont, de Françoise d'Aubonne, de Magdeleine de Raville, de Marguerite de Cleron et de Catherine Tècle de Ligneville. Elle tint le siége jusqu'en 1635 et mourut le 1ᵉʳ novembre de cette année, à l'âge de soixante-six ans, emportée par la peste qui ravageait la Lorraine.

XXIII. *Anne-Marguerite de Bassompierre*. — Anne-Marguerite de Bassompierre, nièce de la précédente, fille de Georges African de Bassompierre, grand écuyer de Lorraine, et de Henriette de Tornielle, avait été appréhendée au chapitre de fort bonne heure. Claude de Cussigny obtint pour elle, le 16 mars 1628, d'Urbain VIII, des bulles de coadjutorerie. Elles furent notifiées à la requête d'African de Bassompierre, marquis de Removille, grand écuyer de Lorraine, conseiller d'État et bailli de la province de Vosges, en qualité de procureur fondé de sa fille, à Claude de Cussigny, abbesse, Catherine Diane de Gournay, doyenne, Jeanne de Lenoncourt, secrète, Élizabeth de Grammont, dite de Châtillon, Catherine de Livron, dite de Bourbonne, Jeanne de Rie, Marguerite de Cleron, Françoise de Senailly et Anne-Magdeleine de Raville, dite d'Augsbourg, formant le chapitre. Ces bulles furent acceptées par Mᵐᵉˢ de Cussigni, de Lenoncourt, de Grammont, de Senailly et de Raville, mais les autres dames demandèrent du temps pour délibérer et finirent par faire signifier un acte d'opposition et d'appel au Saint-Siége. Le 12 mai 1629, ces mêmes dames opposantes sommèrent les autres dames de se joindre à elles, mais la protestation n'aboutit point et les bulles de coadjutorerie furent enfin admises. Ce ne fut qu'après la mort de Mᵐᵉ de Cussigny qu'Anne de Bassompierre devint abbesse, et dans des circonstances assez tristes. En 1635, en effet, la peste ravageait la Lorraine en général et Épinal en particulier. Le 1ᵉʳ novembre, elle frappa Mᵐᵉ Claude de Cussigny ; la peur était telle qu'on n'osa même point l'enterrer, et que le 27 elle ne l'était pas encore. Cela résulte d'une délibération prise le 27 novembre 1635 par Catherine Diane de Gournay, doyenne, Iolande de Wasberg, secrète, Catherine de Livron et Iolande-Claude de Gournay, pour se retirer, avec les jeunes nièces et autres, au château de Ville-sur-Illon à cause de la peste « quoi que reverende dame Madame de Cussigny « abbesse, en la dite eglise, decedée, dès le 1ᵉʳ jour du mois de no- « vembre, ne soit encore inhumée, ayant deplaisir de ne luy avoir « rendu ni pouvoir rendre les offices et devoirs funèbres. » Elle ne fut inhumée que le 9 décembre et le chapitre convoqué le lendemain. Ce jour même, Anne-Marguerite de Bassompierre, après avoir nommé à la prébende qu'elle possédait, Christine de Ragecourt, fut mise en possession de la dignité abbatiale par Mᵐᵉˢ Marguerite de Cleron, Françoise de Senailly, Anne-Gabrielle de Raigecourt, Christine de Florainville et les chanoines. Mais une partie des dames, craignant la peste, étaient toujours restées à Ville-sur-Illon, et, le 14 décembre 1635, elles protestèrent contre tout ce qui avait été fait sans elles. La nouvelle abbesse ne put prendre possession de son siége, la querelle dura assez longtemps, et ce ne fut que le 28 novembre 1638 qu'un arrêt du parlement de Metz lui permit enfin de prendre définitivement possession. Elle ne devait point, du reste, profiter longtemps de cet honneur, puisqu'elle donna sa démission le 4 décembre 1639, pour contracter mariage. Son abbatiat n'avait donc été, en réalité, qu'une longue suite de tourments et de complications.

XXIV. *Catherine de Livron.* — Après la renonciation d'Anne-

Marguerite de Bassompierre, le chapitre s'assembla et fixa au 22 décembre l'élection d'une nouvelle abbesse. Le choix tomba sur Catherine de Livron, fille de messire Charles de Livron, marquis de Bourbonne, seigneur de Forcenay, Pernot, Chesault, chevalier des Ordres du roi, maréchal de ses camps et armées, commandant pour S. M. à Montbéliard et son lieutenant au gouvernement de Champagne et de Brie, et d'Anne de Savigny, dite d'Anglure. Il ne sera peut-être pas sans intérêt de rapporter ici l'acte même de cette assemblée; il pourra donner une idée exacte de la façon dont se faisait, à Épinal, une élection d'abbesse :

Élection de Madame de Livron pour abbesse.

Au nom de Dieu, Amen. Par la teneur de ce present publicque instrument soit a tous notoire et manifeste que cejourd'huy vingdeuxiesme du mois de décembre de l'an mil six cents trente-neuf, indiction septiesme, et du Pontificat de Nostre Sainct Père le pape Urbain huictiesme, l'an dixseptiesme, en l'église de Sainct-Goery d'Espinal, de nul diocèse et en celuy de Toul, au chœur d'icelle eglise où les dames abbesse, doyenne et autres chanoinesses de la dicte eglise ont coustume de s'assembler tant pour chanter les heures canonialles que pour traicter des affaires de leur dite eglise, environ les neuf heures du matin, immediatement après avoir esté solempnellement celebrée la messe du Saint-Esprit au grand autel de la dicte esglise, soub l'invocation dudict sainct Goery, en presence de nous, notaires apostoliques soubscriptz et des tesmoings en bas nommez, specialement assemblez et convoquez tant pour assister au susdict service que pour ce que cy après ; et personnellement constituées venerandes dames Catherine-Diane de Gournay, doyenne, Catherine de Livron *aliter* de Bourbonne, Marguerite de Cleron, Françoise-Maximiliane de Saint-Moris, Françoise de Senailly, Françoise-Marguerite de Vaudrey, Yolande-Claude de Gournay, touttes chanoinesses capitulantes et faisans le chapitre de la dite eglise, après qu'elles ont été assemblées audit lieu destiné à de pareilles convocations dudict chapitre, la dicte venerande dame doyenne leur a exposé que dame Anne-Marguerite de Bassompierre, cy-devant dame et chanoinesse en leur dite eglise (à qui Sa Sainteté avait accordé la grace d'accès à l'abbaye de leur dicte eglise, arrivant vacance d'icelle par cession ou deces de feu reverande dame Claude de

Cussigny, lors abbesse d'icelle eglise, decedée du mois de novembre mil six cents et trente-cinq, ou autrement), ayant changé de condition et contracté mariage par paroles de present, pour obvier aux inconvenients d'une longue vacance, il estoit necessaire de procéder à l'élection d'une future abbesse, suivant la resolution par elles capitulairement en faicte dès le... du present mois de decembre et aux dames Yolande de Wasberg, secrète, et Christine de Florainville, aussy chanoinesses et capitulantes de la dicte eglise notoirement absentes, intimée par affiches aux portes d'icelle eglise et de leurs domicilz, icelles dames absentes ayant esté, comme dict est, et par lettres expresses, appelées à faire la dite election et negligentz de s'y trouver, ainsy qu'il a esté par la dite dame doyenne asseuré, ce qu'ayant esté proposé par icelle dame doyenne et approuvé par touttes les dames et la voye du scrutin par icelles esleüe pour faire la ditte élection d'un commun consentement; elles ont esleues de leur corps trois dames capitulantes, scavoir : dames Françoise de Senailly, Françoise-Marguerite de Vauldrey, et Yolande-Claude de Gournay pour scrutatrices et pour procéder à l'élection d'une future abbesse. Lesquelles dames scrutatrices aussy esleues et ayant presté le serment de faire fidellement le scrutin, a esté par le dit chapitre puissance donnée à la dicte dame Françoise de Senailly, esleue scrutatrice, de déclarer et denoncer esleue pour abbesse une personne, comme s'ensuit. Lesquelles dames scrutatrices se retirant en un lieu voisin audit lieu de chapitre qu'on dit Le Petit Chœur, en presence de nous, notaires soubscriptz et des tesmoings en bas nommez mais pourtant aucunement esloignez, pour le secret du scrutin, elles ont premièrement entre elles faict le scrutin scavoir : les dames Françoise-Marguerite de Vauldrey et Yolande-Claude de Gournay ont pris la voix et le suffrage de dame Françoise de Senailly et noté secrettement en un papier son dit suffrage, et puis les dames Françoise de Senailly et Yolande-Claude de Gournay celui de dame Françoise-Marguerite de Vauldrey, et enfin les dites dames Françoise de Senailly et Françoise-Marguerite de Vauldrey celuy de dame Yolande-Claude de Gournay en tenant secrettement leurs suffrages marquez et notez en un papier après les avoir separement et en particulier interrogé. Après quoi toutes et une chacune des dites dames doyenne et chanoinesses, chacune séparement et en particulier et l'une après l'autre s'approchantes des dictes dames scrutatrices et par icelles interrogées et requises, leur ont déclairez leurs voix et suffrages qui ont esté notez et marquez par les dictes dames scrutatrices comme dict est. Ce qu'estant faict, incontinent les dictes dames scrutatrices sont retournées audit lieu de chapitre, et, après les dits suffrages conferez en commun, lesquels ont esté par les dictes dames scrutatrices declarez et publiez en commun audit chapitre, sçavoir : que des dames chanoinesses de leur eglise et des sept qui estoient là presentes faisans et representans le chapitre, deux avoient eu voix et suffrages; desquelles la première, sçavoir dame Catherine-Diane de Gournay en avoit eu une, et l'autre qui est dame Catherine de Livron *aliter* de Bourbonne en avoit six. Et après la comparaison faite, la plus grande et plus saine partie, en même temps et sans l'interposition d'aucun acte estranger ont consenty en la personne de dame Catherine de Livron *aliter* de Bourbonne dame capitulante de la dicte église. Ensuite de quoi elle a esté, du consentement de tout le chapitre, esleue à haute voix par dame Françoise de Semailly, scrutatrice, par ces paroles : Je Françoise de Semailly, dame chanoinesse de l'église Saint-Goery d'Epinal, de nul diocèse et en celuy de Toul, tant en mon nom qu'en celuy des dames Françoise-Marguerite de Vauldrey et Yolande-Claude de Gournay, scrutatrices, et de tout le chapitre de nostre dicte eglise, eslis et publie dame Catherine de Livron, *aliter* de Bourbonne, dame aussy en la dicte eglise, pour abbesse d'icelle eglise et la declare esleue. Et incontinent après l'election ainsy faicte, la dite dame Catherine de Livron esleue, acceptant la dite élection, elle a esté au son des cloches conduitte par les dictes dames doyenne et autres sus-nommées devant le susdit grand autel de saint Goery, les dictes dames doyenne et chanoinesses chantans *Te Deum laudamus*, y ayant en quantité de peuple present lors de la dicte élection faite et publiée et declarée comme dict est. De tout quoi, tant la dite dame de Livron esleue que les dites dames doyenne et chanoinesses nous ont demandé, à nous notaires apostoliques soubscripts, leur estre faits dressez et delivrez un ou plusieurs instruments publics. Ce qui fut fait et passé audit Espinal, les an, jour, mois, indiction, pontificat et lieux que dit cy dessus, en presence des dames Françoise-Grace de Gournay et Charlotte-Marguerite de Lenoncourt, dames chanoinesses et niepces apprehendées en la dite eglise, non encor capitulantes, et de Reverend Père en Dieu messire François Pasticier, abbé des chanoines reguliers de Chaumousey, de l'ordre de Saint-Augustin, de nul diocèse et en celui de Toul, et de Reverend maître Dominic Le Moine, prieur des dits chanoines réguliers et du sieur Aimé Sachot, l'un des conseillers et gouverneur dudict Espinal, tesmoings, à nous notaires soubscripts bien cognus et specialement appellez a tout ce que dessus.

Cette élection fut confirmée par le vicaire général de Toul, M. Midot, au lieu de l'être par la cour de Rome, le chapitre ne pouvant s'adresser à Rome, à cause des guerres qui ravageaient la Lorraine. Le vicaire général délégua, le 4 février 1640, l'abbé de Chaumousey pour recevoir la profession de foi que Catherine de Livron dut faire et dont voici le texte :

Au nom de Dieu, ainsy soit-il. Soit à tous notoire et manifest que, l'an de la Nativité de Nostre Seigneur mil six cents quarante, dix-huictiesme du Pontificat de Nostre Saint Père le pape Urbain huictiesme, le vingt-troisiesme jour du mois d'apvril, en présence des notaires apostolicques et tesmoings cy apres nommez et soubsignez, a ce specialement appellez et requis et des reverendes dames Catherine-Diane de Gournay, doyenne, Yolande de Wasberg, secrete, Marguerite de Cleron, Françoise-Maximiliane de Saint-Morris, Françoise de Senailly et Yolande-Claude de Gournay, touttes dames chanoinesses en l'église Saint-Goery d'Espinal, de nul diocèse et en celui de Toul, capitulantes, faisantes et constituantes le chapitre d'icelle pour ce et aux effects suivans expressement et capitulairement assemblées à leur ordinaire, les dames Françoise-Grace de Gournay, Charlotte-Marguerite de Lenoncourt et Claude-Marguerite de Raville, apprehendées en la dicte eglise, non toutesfois encor du dict chapitre aussy presentes, touttes les autres dames et chanoinesses en icelle estant notoirement et dès longtemps absentes et en lieux eloignés dudict Espinal, Reverende dame Catherine de Livron, dicte de Bourbonne, canoniquement esleue et confirmée abbesse en la dite eglise, ainsy qu'il est apparu par les actes et instruments de ses élection et confirmation estantes au chœur de la dicte eglise et devant l'autel d'iceluy, ayant prealablement faict entre les mains de Reverend Père en Dieu messire François Paticier, abbé de Chaumousey, aussy de nul diocèse et en celuy de Toul, a ce commis et deputé la profession de foy suivant la constitution du pape Pie quatriesme et presté le serment prescrit par la dite confirmation aux termes y portez et les autres accoustumes en la dite eglise, aux termes, formes et lieux ordinaires, recevant humblement le voile et crosse ou baton abbatial a esté mise par ledit Reverend abbé en la vraye, réelle et actuelle et corporelle possession de la dignité et abbatisat, honneurs, prérogatives et auctoritez, droits, fruicts, proffitz, revenus et émoluments d'icelui et y appartenants et en dependants par occupation des lieux et séance es sièges principaux et premiers esditz chœurs et eglise et y assignez à la dicte dignité, baisant devotement l'autel dudict chœur de Saint-Goery, mettant la main aux portes de la dicte eglise pour les ouvrir et fermer, aux cloches pour les faire sonner et aux coffres des sceaux et thrésors d'icelle, entrant et faisant faire feu en la maison abbatiale et tous autres actes et solemnitez, signes et effets au cas requis et de possession réelle et actuelle particulièrement faict et observé en la meilleure forme qu'il se peut, les dictes dames doyenne et chapitre tousjours et à tous presentes et aggreablement recevantes et consentantes. De laquelle possession et prise d'icelle ainsy effectivement faicte par la dicte dame de Livron dite de Bourbonne, abbesse, sans aucune opposition ny contredit publicquement au veu et sceu d'un chacun, concours et affluence de grand nombre de peuple de l'un et de l'autre sexe, assemblez à la solemnité de cest act, ensemble de tout ce que dessus, elle a requis act et instrument publique qui lui a esté accordé les an, jour, pontificat et indiction que dessus, environ les trois heures de relevée, presents venerable personne messire Claude Vanney, prebstre audit Espinal, des sieurs Aimé Sachot, Joseph d'Escles, conseillers, Claude Grandmaire, tabellion, Jean Bagnere, tesmoings requis et appelles, et nous Jean du Bourg, curé de Blaye, et Claude Tihay, curé de Harol, notaires apostoliques jurez qui les avons redigé, accordé et delivré en ceste forme.

Catherine de Livron tint le siége abbatial d'Epinal jusqu'à sa mort, arrivée le 25 octobre 1645.

XXV. *Charlotte-Marguerite de Lenoncourt.* — Elle succéda à Catherine de Livron. Elle était fille de haut et puissant seigneur Charles de Lenoncourt, seigneur dudit lieu, de Serre, etc., et de dame Charlotte-Christine de Madrouche. Elle avait été présentée au chapitre par Catherine-Diane de Gournay, doyenne, et reçue le 31 octobre 1645. Elle était donc à peine entrée au chapitre qu'elle en devenait abbesse, puisque son élection est du 16 novembre de la même année, la confirmation par le pape Innocent X du 6 mars, le serment prêté comme abbesse du 5 juin 1646, et la prise de possession du 5 juin, même année. Elle tint le siége abbatial jusqu'au 24 décembre 1698, époque de sa mort, à Nancy. Elle appartenait à la famille des Lenoncourt et avait introduit dans le chapitre les insignes que les dames chanoinesses portèrent après elle, composés d'un ruban en sautoir avec la croix portant l'image de saint Goery.

XXVI. *Félicité d'Hunolstein.* — Au décès de madame de Lenoncourt, morte à Nancy, le 24 décembre 1698, comme nous l'avons dit plus haut, mesdames Félicité d'Hunolstein, doyenne, Magdeleine d'Autel, secrète, Marguerite de Poitiers, Marie-Josèphe de La Roche, Claude-Marguerite de Steincallfeltz, Philiberte-Thérèse de Grandmaison, Françoise de Baleux de Saint-Ignan, décidèrent que la doyenne irait elle-même à Nancy avec mesdames d'Anglure, filles d'honneur de Madame Royale, et les dames de Lenoncourt et de Mersbourg, pour avertir S. A. Royale du décès de l'abbesse et lui demander sa protection pour le maintien des franchises et priviléges du chapitre. Le Roi, par une lettre du 25 décembre, leur demanda de le renseigner à ce sujet, afin qu'il pût les confirmer. Fort de cette protection, le chapitre décida, le 27 novembre 1698, que le 7 février suivant, il serait procédé à l'élection d'une nouvelle abbesse, que cette résolution serait affichée comme de coutume aux portes de l'église et des maisons des dames Charlotte d'Anglure, Charlotte de Mecheberg, Marie de Lagny, Louise de Mailly, Catherine d'Argenteuil et Marie de Bouille, capitulantes absentes. Le duc Léopold, qui avait promis sa protection au chapitre, voulut alors s'immiscer dans ses affaires intérieures, et, par une lettre du 1er février, lui recommanda l'élection de madame d'Anglure, fille d'honneur de Madame, qui lui avait rendu de grands services. Pour être plus certain du succès, il délégua, le 4 février, le comte de Vianges, maréchal de Lorraine, et son grand veneur, ainsi que le sieur d'Hoffelize, doyen des maîtres des requêtes de son hôtel, *pour appuyer la liberté de l'élection.* Mais malgré toutes ces manœuvres, la dame d'Anglure ne fut point nommée ; le chapitre garda son indépendance et nomma le 7 février, comme il l'avait déclaré, Félicité d'Hunolstein d'Aremberg, qui prit possession le 10 août suivant, et tint le siége abbatial jusqu'en 1719, époque de sa mort, arrivée le 13 février de cette année.

XXVII. *Anne-Élisabeth de Ludres.* — A la mort de Félicité

d'Hunolstein, le chapitre assemblé fixa au 25 février 1719 l'élection d'une abbesse, et ce jour même élut Anne-Elisabeth de Ludres, qui avait été nommée le 22 octobre 1701 à la prébende vacante par le mariage de madame Anne-Marie de Villelune, laquelle nomination, faite par Anne-Félicité d'Hunolstein, avait été reçue par mesdames Marie-Thérèse de Bouille, doyenne ; Magdeleine d'Autel, secrète, Marie-Josèphe de La Roche, Claude-Marguerite de Steincallfeltz, Catherine d'Argenteuil, etc. Elle tint le siége abbatial jusqu'en 1728.

XXVIII. *Louise-Eugénie de Beauveau.* — Le 3 juillet 1728, après la mort de madame de Ludres, le chapitre, composé de mesdames Catherine Le Bacle, doyenne, Marie-Thérèse-Ernestine de Berlo, secrète, Claude-Marguerite de Hunolstein, Louise Le Bacle de Mailly, Marie Le Bacle d'Épineul, Isabelle-Claire-Eugénie de Dobbelstein, Magdeleine de Reinach et Louise de Montmorillon, résolut que le samedi 7 août 1728, on procéderait à l'élection d'une nouvelle abbesse. Le 6 juillet suivant, le duc Léopold, qui était déjà intervenu dans une autre élection, intervint encore dans celle-ci. Il était question de nommer madame Louise-Eugénie de Beauveau, fille de noble homme Marc de Beauveau, prince de Craon et du Saint-Empire, grand d'Espagne de la première classe, marquis de Haroué, baron d'Ormes, etc., et d'Anne-Marguerite, comtesse de Ligneville. Elle n'était point du chapitre et n'avait encore que treize ans. Le cas était grave et ne s'était peut-être jamais présenté dans le chapitre. Il ne fallait rien moins qu'une bulle du Pape pour permettre de violer ainsi tous les règlements. On obtint cette bulle. Le 17 juillet 1728, un bref de Benoît XIII décide que madame de Beauveau pourra être élue abbesse dans l'un des chapitres de Lorraine, quoiqu'elle ne soit point de ce chapitre et qu'elle n'ait pas l'âge requis. Il n'y eut plus alors d'obstacle, et le 2 août suivant, le duc Léopold déléguait messire Jean-François de Tervenu, maître des requêtes ordinaires de son hôtel, et Charles de Hourières, comte de Viermes, l'un de ses chambellans et bailli d'Epinal, pour assister à l'élection qui devait avoir lieu le 7. Elle eut effectivement lieu : madame de Beauveau fut nommée abbesse et confirmée en cette qualité le 30 novembre 1728 par une bulle de Benoît XIII. Le 13 décembre suivant, madame Louise de Steinkallfeltz prit possession de l'abbaye en son nom, et enfin l'abbesse en personne ratifia cette prise de possession le 28 novembre 1729, en présence du chapitre assemblé et d'honorés seigneurs messire Gaspard de Houvrières de Viermes, chevalier, seigneur de Reaux, etc., et de Charles-François de La Salle, écuyer, seigneur de Bouzillon, lieutenant général du bailliage d'Épinal.

L'abbatiat de Louise de Beauveau ne fut point de longue durée. Elle mourut le 27 décembre 1734 aux Orphelines de Nancy et fut inhumée dans le sanctuaire de cette église.

XXIX. *Gabrielle de Spada.* — Elle succéda à Louise de Beauveau ; elle était fille du marquis de Spada, chevalier d'honneur de S. A. Royale Madame, et de dame Marguerite-Claude d'Argencourt-Saint-Martin. Elle était née le 20 décembre 1713 à Lunéville, et avait été nommée au chapitre le 17 mars 1730 par madame d'Argenteuil, doyenne, au nom de S. A. Royale et par droit de joyeux avénement. Dès le 24 mars 1734, un bref de Clément XII portait que, malgré son âge, elle pouvait être admise à l'abbatiat et autres dignités du chapitre. A la mort de madame de Beauveau, le chapitre s'assembla et fixa au 10 février 1735 l'élection de l'abbesse. Il élut Gabrielle de Spada ; le 28 mars 1735, le pape Clément XII confirma cette nomination, et le 25 avril, madame de Spada, en présence de son chapitre, prit possession.

XXX. *Marie-Louise-Victoire Le Bacle, comtesse d'Argenteuil.* Elle succéda à madame de Spada et fut nommée abbesse au mois de septembre 1784, mais son abbatiat ne fut pas de longue durée.

XXXI. *Elisabeth-Charlotte de Gourcy.* — Enfin, la dernière abbesse du chapitre fut madame Elisabeth-Charlotte de Gourcy, qui était à la tête de cette maison lors de la Révolution, et résista courageusement, avec ses compagnes, aux vexations révolutionnaires, jusqu'à ce que le chapitre d'Épinal fût supprimé et ses membres dispersés.

DOYENNES.

Nous avons vu quelle était la première dignité du chapitre d'Épinal, quelles formalités accompagnaient l'élection, la nomination et l'installation des abbesses. Il nous faut maintenant étudier quelles étaient ces formalités pour la seconde dignitaire du même chapitre, qui était la Doyenne.

Cette dignité était élective et conférée par les dames capitulantes. On se servait, comme pour l'abbesse, de la voie du scrutin ; mais seulement celle-ci ne pouvait assister à l'élection. La doyenne n'avait point besoin comme l'abbesse, pour entrer en charge, de faire confirmer son élection par le Saint-Siège. On n'élisait pour cette dignité qu'une dame ayant fait son stage. Ce stage était d'un an. Il commençait la veille de Noël aux premières vêpres et finissait à pareil jour, l'année révolue. Alors l'abbesse, ou, en son absence, la dame qui présidait, pendant les secondes vêpres et à *Magnificat*, conduisait la stagiaire à un siége placé du côté du chœur. Ce stage ne pouvait être interrompu, sous quelque prétexte que ce fût, sauf en cas de maladie et sur une attestation de médecin, ou si, après une maladie dangereuse, il y avait nécessité d'envoyer la dame stagiste aux eaux. Lorsque ce stage était terminé, la dame donnait 50 livres pour fonds de ponctuations.

Une autre condition était encore exigée pour devenir doyenne : il fallait être dame capitulaire et avoir atteint l'âge de vingt-sept ans accomplis. Cependant, la qualité de capitulaire n'était point de toute nécessité, et une dame nièce de vingt-sept ans pouvait être élue doyenne, pourvu qu'elle eût réuni les deux tiers des voix exprimées lors de son élection.

Aussitôt après l'enterrement d'une doyenne, la secrète assemblait le chapitre, mais il était interdit à l'abbesse d'assister à la réunion. Les dames présentes prenaient alors une résolution touchant le jour et l'heure à laquelle il devait être procédé à l'élection. Cette résolution prise, les intimations et les lettres circulaires pour les dames absentes se faisaient par un notaire désigné qui était chargé de faire afficher une copie de la délibération. Voici un exemple des lettres circulaires qui étaient envoyées au décès d'une doyenne :

« Cejourd'huy, onzième aoust mil sept cens huict, estant necessaire d'envoyer des lettres circulaires à toutes les dames de ce collége portantes avis du decès de dame Marie-Thérèse de Bouille, vivante doyenne en cette eglise, et l'usage estant de procéder à l'élection d'une autre dame, pour remplir sa dignité, dans les six semaines, cela ne se pouvant faire devant le lundy vingt-quatrième de septembre prochain, à cause de la feste de sainct Mathieu, vingt et unième dudit mois, qui echera le vendredi, celle de saint Maurice, patron de la ville d'Espinal, qui echera le samedy, et à cause du dimanche, qui sera le vingt-trois, il a esté conclu et arresté en chapitre tenu cejourd'huy que la ditte élection se fera ledit jour lundy vingt-quatrième dudit mois de septembre prochain, au lieu à ce faire accoustumé, et donné avis aux dames absentes par les dittes lettres circulaires, que la dicte élection se fera le dit jour, et qu'elle est retardée jusqu'au dit jour pour raison des jours feriers cy-devant énoncés.

« Fait en chapitre ledit jour cy-dessus.

« Signé : *Hunolstein*, abesse d'Epinal ; *d'Autel*, secrète d'Epinal ; *de Fijean de Grandmaison, M.-E.-T. de Berlo, de Savigny*[1]. »

L'élection devait, d'après les règlements, se faire six semaines après le jour du décès de la titulaire. Les dames se rendaient alors au petit chœur, où elles choisissaient, à la pluralité, trois scrutatrices qui, en présence du chapitre assemblé, prêtaient serment, entre les mains du chanoine de semaine et sur les saints Évangiles, de recevoir fidèlement et de représenter les suffrages sans y rien changer, augmenter ou diminuer. Les dames se retiraient alors dans l'avant-chœur et procédaient au vote. S'il arrivait que plusieurs dames eussent autant de suffrages l'une que l'autre, on recommençait le scrutin, et si, après trois fois, il se trouvait encore de l'égalité, la plus ancienne dame était élue. Cet acte d'élection suffisait pour toute provision. En voici un exemple :

« Du 24 septembre 1708.

« Ensuite de la resolution prise capitulairement le onziesme aoust dernier, qu'il seroit envoyé des lettres-circulaires pour avertir toutes les dames capitulantes absentes qu'il seroit procédé cejourd'huy à l'élection d'une nouvelle doyene, le chapitre capitulairement assemblé et représenté par mesdames les dames Marie-Josephe d'Autel, secrete, Claude-Marguerite de Steincalfeltz, de Mailly, de Fijean de Grandmaison, Anne-Françoise de Saint-Ignan de Berlo, de Geloès et de Savigny ont unanimement, après avoir invoqué les lumières du Saint-Esprit, choisy la dame Catherine d'Argenteuil pour remplir la dignité de leur doyenne[2]. »

Lorsque l'acte d'élection était dressé, la dame secrète, *sacrista*,

---

[1] Orig. Archiv. des Vosges. Fonds du chapitre d'Epinal. Reg. coté B., fol. 19 v°.
[2] Orig. Arch. des Vosges. Fonds du chapitre d'Epinal. Reg. coté R., fol. 18 v°.

ou la dame la plus ancienne, installait la dame élue, la mettait en possession de sa dignité, lui en donnait les insignes, le grand couvre-chef, et recevait d'elle le serment suivant :

« Madame la doyenne, vous jurés sur les saints Évangiles que dans vos fonctions de la dignité de doyenne, en cette insigne église, vous procurerés, de tout votre pouvoir, que le service divin y soit célébré comme de coutume, que vous garderez, soutiendrez, deffendrez avec zèle les droits, biens, franchises, libertés, réglements et ordonnances de notre église, que vous n'en changerez les statuts et n'en ferez d'autres que de concert et de l'avis du chapitre pour l'avantage de la dite église, que vous n'abandonnerez l'exercice et le devoir de votre dignité par amitié, faveur et promesse, non plus que par inimitié, haine ou menace. »

Après la prestation de ce serment, les dames chantaient le *Te Deum*, au son de toutes les cloches. La dame était alors investie de sa dignité ; elle prenait place au chœur, à côté de l'abbesse ; elle était le chef du chapitre pour la manse canoniale, et, à l'égard du spirituel, elle présidait en l'absence de l'abbesse. Elle jouissait en outre d'un droit plus considérable, désigné dans les comptes du prévôt. Elle était dépositaire des clefs de l'archive particulière de la manse capitulaire ; elle avait une clef du trésor commun et gardait aussi les clefs de la chambre du chapitre. Elle avait encore certains droits mentionnés dans les comptes, tels que les revenus de la chasse, de la mairie de Thaon, une partie de ceux de Domèvre, etc.

Tels étaient les principaux droits et les attributions des doyennes, qui, plus d'une fois, obtinrent la dignité d'abbesse, et dont les noms sont aujourd'hui inconnus, même des historiens de la Lorraine. Les grandes collections, comme la *Gallia Christiana*, et les histoires spéciales, comme celle de Dom Calmet, donnent, en effet, des listes plus ou moins exactes des abbesses des chapitres, mais elles sont muettes sur les autres dignitaires. En compulsant les archives du chapitre d'Épinal, nous sommes parvenu à reconstituer, en grande partie, cette liste, que nous donnons ici, sans oser cependant la présenter comme complète :

1. 1303-1332. — *Jehenné* ou *Jeanne* est doyenne. C'est la plus ancienne que nous ayons rencontrée. Le décanat existait, sans aucun doute, avant cette époque, mais les titulaires n'ont laissé aucune trace que nous connaissions.

II. 1332-1342. — Au mois de mars 1332, nous trouvons comme doyenne une *Marguerite de Cintrey*, qui, après avoir rempli les fonctions de secrète, fut élevée à cette dignité.

III. 1342-1357. — Le 16 juillet 1342, *Isabelle de Deneuvre* figure comme doyenne. L'intervalle de dix ans qui sépare ce décanat de celui de Marguerite de Cintrey n'est pas assez considérable pour qu'on ne puisse point supposer qu'elle ne lui succéda pas comme doyenne.

IV. 1357-1393. — Le 25 juin 1357, *Guye* ou *Guyette* est doyenne du chapitre. Son nom de famille n'est point indiqué. Tout donne lieu de supposer qu'elle succéda à Isabelle de Deneuvre.

V. 1393-1428. — Le 30 décembre 1393, nous trouvons, comme doyenne, *Marguerite de Contreglise*; elle paraît dans de nombreux actes avec cette qualité; le 8 octobre 1398, elle paraît dans une ordonnance de prébende; le 14 mai 1404, elle est encore doyenne et assiste aux délibérations capitulaires en cette qualité; le 28 juillet 1428, elle est encore en charge, mais c'est la dernière date à laquelle nous la rencontrons.

VI. 1428-1457. — Le 20 juin 1439, *Alix de Bussignecourt* paraît comme doyenne à l'élection d'Alix d'Amoncourt, abbesse. C'est le seul acte dans lequel nous l'ayons trouvée, mais il suffit pour prouver l'existence de cette doyenne, puisqu'elle y paraît comme présidant le chapitre assemblé pour l'élection d'une abbesse.

VII. 1457-1499. — Le 29 août 1457, *Catherine de Charmes* est doyenne. De nombreux actes permettent de suivre ses traces; le 3 septembre 1460, elle préside à l'élection de dame Adeline de Menoux, comme abbesse; le 2 mars 1461, elle assiste à une réunion capitulaire; le 2 avril 1476, elle en préside une autre; le 14 octobre 1491, elle est encore doyenne et préside à l'élection de Nicole de Dommartin; enfin, elle meurt vers 1499, car son testament est de l'an 1497, et nous trouvons une élection de doyenne deux ans plus tard.

VIII. 1499-1519. — Le 25 avril 1499, *Simonne de Coblans*. Nous la trouvons encore en 1506, et nous avons l'analyse de son testament, qui est du 15 décembre 1519, ce qui prouve, jusqu'à un certain point, qu'elle mourut dans le courant de cette année, et ce qui le prouve mieux encore, c'est qu'en 1520 nous trouvons une autre doyenne.

IX. 1520-1527. — Une *Léonarde de Lambrey* paraît comme doyenne dans une ordonnance de prébende de l'an 1520. Nous la trouvons encore en 1527; c'est probablement vers cette époque qu'elle résigna sa charge en faveur de sa sœur.

X. 1528-1534. — *Marguerite de Lambrey*, sœur de la précédente, est doyenne en 1534 et préside à l'élection de Mme Alix de Dommartin. Elle meurt le 21 décembre 1534.

XI. 1534-1537. — Une troisième doyenne, sortie de la famille de Lambrey, succéda à Marguerite; ce fut *Léonarde de Lambrey*, élue à l'âge de soixante-dix ans. Elle était cousine de la précédente et ne tint le décanat que fort peu d'années.

XII. 1537-1539. — *Anne de Ludre*, nommée le 3 février 1511 à la prébende vacante, par la démission de Mme de Blandin, paraît, comme doyenne, le 10 décembre 1537, et tout porte à croire qu'elle succéda à Léonarde de Lambrey. Nous la trouvons encore investie de cette dignité à l'époque où elle fit son testament, qui est du 17 février 1539, mais elle ne survécut pas longtemps à cet acte et mourut le 29 février 1539.

XIII. 1539-1562. — Ce fut *Simonne de Lys* qui succéda à Anne de Ludre. Elle paraît dans un acte du 21 novembre 1553 et meurt le 15 janvier 1562.

XIV. 1562-1570. *Claude de Neufchâtel* succéda probablement à Simonne de Lys, puisque nous la trouvons comme doyenne en 1568. Elle était morte en 1570.

XV. 1570-1573. — Dès l'année 1570, *Barbe Le Bœuf* est doyenne: elle remplit ses fonctions jusqu'en 1573. Son testament, dans lequel elle fait plusieurs donations à Claude de Grammont, qui devait lui succéder, est du 18 février 1573.

XVI. 1573-1579. — Ce fut *Claude de Grammont* qui succéda à Barbe le Bœuf le 8 juin 1573; elle fut doyenne pendant cinq ans seulement et mourut, selon toute apparence, vers la fin de l'année 1578 ou au commencement de 1579.

XVII. 1579-1591. — Après le décès de Claude de Grammont, ce fut *Edmonde d'Amoncourt* qui devint doyenne; elle fut élue le 12 mars 1579. Elle paraît encore en 1585 comme doyenne, mais, à partir de cette époque, aucun acte ne permet d'indiquer si elle remplissait encore ces fonctions.

XVIII. 1591-1606. — Le 29 août 1591 nous trouvons comme doyenne, *Philippe de Thuillières*, ce qui donne lieu de penser qu'elle succéda dans cette dignité à M⁵⁵ d'Amoncourt. Elle paraît dans un acte du 2 septembre 1604; son testament est du 7 septembre 1606, ce qui donnerait déjà à penser qu'elle n'exerça plus longtemps cette dignité, si nous n'avions une preuve plus certaine, qui est l'élection de sa remplaçante.

XIX. 1607-1653. — Le 1ᵉʳ juin 1607, M⁵⁵ *Catherine-Diane de Gournay* est déjà doyenne, ce qui prouve presque certainement qu'elle succéda à Philippe de Thuillières. Elle figure comme doyenne le 25 avril 1621, à la prestation de serment de Claude de Cussigni, abbesse. Nous la trouvons mentionnée dans un acte du 1ᵉʳ juin 1622, dans un autre de 1627, dans un autre du 19 avril 1630, dans un autre du 18 décembre 1635; les 5 juin 1646, 23 avril 1647, 13 mars 1652. Enfin nous avons la date certaine de sa mort, qui arriva le 27 juillet 1653.

XX. 1653-1674. — Le 16 août 1653, le chapitre élut pour doyenne M⁵⁵ *Chrétienne de Florainville*; elle prêta le serment ordinaire le 3 septembre suivant. Elle paraît dans des actes du 2 juillet 1658, 25 juin 1671, jusqu'à ce qu'elle donne sa démission, le 26 août 1674.

XXI. 1674-1675. — Le décanat de *Béatrix de Précipiano*, dite de Soye, ne fut point de longue durée. Élue le 1ᵉʳ octobre 1674 par suite de la démission de M⁵⁵ de Florainville, elle ne conserva cette dignité qu'un an.

XXII. 1675-1693. — Après son décès, ce fut *Charlotte du Châtelet* qui fut élue doyenne le 18 juillet 1674; elle était alors secrète. Elle paraît dans plusieurs actes des 12 avril 1677, 11 juin 1679, 18 juillet 1685, 15 juillet 1687. Nous savons qu'elle mourut en 1693, grâce à l'élection d'une nouvelle dignitaire, en cette même année.

XXIII. 1693-1701. — *Anne-Félicité d'Hunolstein d'Aremberg* fut élue doyenne le 24 octobre 1693, après le décès de Mme du Châtelet. Elle paraît le 19 juin 1694, le 30 août 1698, en l'année 1699; elle était encore doyenne et ne quitta cette dignité que pour devenir abbesse en 1699.

XXIV. 1699-1708. — *Marie-Thérèse de Bouille* fut élue le 25 juillet 1699, en remplacement de Mme d'Hunolstein, élue abbesse. Elle paraît dans plusieurs actes, notamment en 1703, en 1706, en 1707, et meurt le 10 août 1708.

XXV. 1708-1732. — *Catherine-Éléonore Le Bacle d'Argenteuil*, fut élue le 24 septembre 1708, en remplacement de Mme de Bouille. Elle tint cette dignité jusqu'en 1732 et mourut au mois de mai de cette même année.

XXVI. 1732-1776. — Après cette doyenne, *Marie-Françoise d'Elts* fut élue le 10 mai 1732 et tint le décanat jusqu'en 1776, époque de sa mort.

XXVII. 1776-1777. — Elle fut remplacée par *Élisabeth-Luce Le Bacle*, élue le 27 septembre 1776, et qui prêta serment le 29 décembre de la même année.

XXVIII. 1789-1791. — Enfin la dernière doyenne fut Mme *de Boecklin*, qui occupait cette dignité lors de la suppression du chapitre à la révolution.

SECRÈTES.

La Secrète, *Sacrista*, avait, dans les chapitres de chanoinesses, le soin des ornements et des vases sacrés; c'était elle qui était chargée de préparer tout ce qui concernait la décoration du chœur et de l'église, dont elle gardait les clefs. Elle faisait, à Épinal, la recette de la fabrique, percevait les contributions des mariages, sépultures et services, dont elle rendait compte tous les ans, au chapitre assemblé. Elle tenait le troisième rang dans l'église et suppléait la doyenne lorsque celle-ci s'absentait; elle était nommée par l'abbesse seule, de deux fois l'une; à la seconde fois, elle était nommée par l'abbesse et le chapitre, à la pluralité des voix, et son élection était soumise aux mêmes formalités que celle de la doyenne. Au moment de son élection, elle prêtait serment entre les mains de l'abbesse ou de sa remplaçante, en présence du chapitre. Après ce serment, elle était revêtue des insignes de sa dignité, le rang, le grand couvre-chef, espèce de coiffure d'une forme spéciale, et les clefs. Elle recevait par inventaire, des mains de l'exécuteur testamentaire, de l'héritier ou du légataire de sa devancière, les objets contenus au trésor de l'église, les titres de la dignité et ceux de la fabrique. La minute de cet inventaire était enfermée sous quatre clefs différentes. Le chancelier et les marguilliers prenaient ses ordres pour ce qui intéressait la dignité et la décoration de l'autel, et ce même chancelier ne pouvait s'absenter sans la prévenir. Lorsqu'elle s'absentait elle-même, elle remettait ses pouvoirs à la dame doyenne, qui les conservait jusqu'à son retour.

Telles étaient les attributions principales de la Secrète. Celles de la dame secrète de Remiremont étaient plus étendues que celles de la Secrète d'Épinal.

Nous avons vainement cherché, comme pour les doyennes, dans les diverses collections lorraines, une liste des secrètes du chapitre d'Épinal. Nous avons essayé de combler cette lacune et voici, quoique bien imparfait, le résultat de nos recherches :

1322. — Isabelle de Deneuvre.

1342, 10 juillet. — Marguerite de Cintrey.

1361. — Isabelle d'Amoncourt.

1398, 8 octobre; 14 mai 1404. — Jeanne de Manoray.

1425. — Alix d'Amoncourt.

1461. — Catherine de Charmes.

1506-1527. — Isabelle de Saint-Loup.

1528-1536. — Marguerite de Vallée, qui résigne son office en faveur de :

1536-1569. — Isabeau d'Orchamps, morte le 20 avril 1569.

1570. — Huguette de Voisey, qui meurt au mois de septembre de la même année.

1570-1594. — Blanche de Haraucourt, qui résigne son office en faveur de :

1598-1634. — Jeanne de Lenoncourt, qui meurt le 18 mai 1634.

1634-1663. — Yolande de Wasperg.

1663-1675. — Anne-Charlotte du Châtelet.

1675-1710. — Magdeleine d'Autel.

1710-1719. — Marie-Joseph d'Autel.

1722-1753. — Marie-Ernestine-Thérèse de Berlo.

1753-1775. — Magdeleine de Zurheim de Reinach.

1775-1789. — Anne-Charlotte de Lucenier de Montmorillon.

PREUVES DE NOBLESSE.

Comme on l'a vu, les principales dignitaires du chapitre d'Épinal étaient l'abbesse, la doyenne, la secrète. D'autres offices existaient encore dans ce chapitre, mais ils étaient d'une importance bien moindre et étaient occupés, à tour de rôle, par chacune des dames. Il y avait la dame *administratrice*, que le chapitre assemblé nommait après le décès de l'abbesse, pour administrer le temporel de l'abbaye pendant la vacance et pour remplir provisoirement les obligations imposées au chef du chapitre. Cette dame prêtait serment entre les mains de la doyenne et jouissait d'une partie des revenus de la manse abbatiale. Il y avait la dame du *Dous*, fonctions que toutes les dames capitulaires ou nièces remplissaient à tour de rôle et qui consistaient à officier pendant une semaine. Il n'y avait d'exception à cette règle que pour les dames qui n'avaient pas fait leur stage. Enfin, les dames *chantres*, dont le nom désigne assez l'emploi, étaient nommées par l'abbesse seule, à sa volonté et sans autre formalité; elles étaient, à Épinal, au nombre de quatre.

Après avoir exposé aussi complétement que possible quelles étaient les charges et les fonctions de chacune des dignitaires du chapitre, il nous faut maintenant pénétrer dans son organisation intérieure et examiner comment on y entrait, quelles étaient les qualités requises pour devenir chanoinesse.

Nous l'avons déjà dit, aucune dame ne pouvait être admise que lorsqu'elle avait fait ses preuves de noblesse constatant huit lignes paternelles et huit lignes maternelles de noblesse d'épée. Ces preuves étaient fournies par la dame qui présentait la récipiendaire et qu'on appelait la dame tante. Elles devaient, autant que possible, être produites en original et consistaient en contrats de mariage, testaments, partages, dénombrements, etc. Ces pièces étaient sévèrement examinées par tout le chapitre qui les avait à sa disposition pendant trois mois entiers. Lorsque les preuves étaient admises, elles étaient présentées à trois gentilshommes de lignes notoirement reçues au chapitre et, à leur défaut, à des gentilshommes dont la noblesse était bien connue, qui en affirmaient la sincérité sur les saints Évangiles, entre les mains des chanoines hebdomadaires, avant la cérémonie de l'appréhendement. S'il survenait quelques contestations et que les lignes ou les titres de la demoiselle présentée ne fussent point admises par toutes les dames, la difficulté était décidée par deux gentilshommes jurés au chapitre qui, en cas de partage, pouvaient en élire un troisième. Les uns et les autres ne devaient point porter le même nom que la demoiselle, ni être parents jusqu'au degré de cousin issu de germain. Si leur jugement n'était point favorable aux preuves fournies, il n'y avait point d'appréhendement et la dame n'était point admise au chapitre.

De toutes les preuves qui furent fournies pendant le moyen âge par les dames de la noblesse lorraine qui entrèrent au chapitre d'Épinal, il ne nous reste malheureusement que fort peu de chose. Les lois révolutionnaires, prescrivant le brûlement des titres féodaux et généalogiques ont été exécutées, tant bien que mal, par le directoire du département des Vosges; on peut lire, dans les registres de ses délibérations, le procès-verbal du brûlement au champ de Mars, à Épinal, d'un grand nombre de preuves de noblesse et d'arbres généalogiques provenant des chapitres d'Épinal, de Poussay et de Remiremont. Cependant un certain nombre restaient encore et avaient été conservées dans les archives. Mais ce que la tourmente révolutionnaire avait épargné, la cupidité, le vol et l'incurie en ont fait bon marché. Aujourd'hui, la petite partie de ces titres qui subsiste encore est disséminée çà et là. Le fonds d'Épinal, au dépôt des Vosges, contient encore un certain nombre d'actes de baptêmes et d'arbres de lignes que nous publions aujourd'hui. Ils appartiennent tous à une époque relativement moderne, mais ils offrent un certain intérêt pour les familles dont les membres ont fait partie du chapitre. A ce titre, nous avons pensé qu'ils ne devaient point rester inédits.

Voici les actes de baptême :

Gelois. — 1695, 4 septembre.

Marie-Marguerite, fille de très-noble et illustre seigneur Jean-Charles, baron de Gelois, seigneur de Houschenée, Bevers, etc., et de dame Marguerite de Leeddail, née au château de Houschenée, paroisse de Mella, le 4 septembre 1695. Parrain, très-noble et illustre seigneur Charles-Philippe, baron d'Eynaten ; marraine, très-noble et illustre demoiselle Marie-Barbe-Théodorique d'Eynaten, sa sœur, l'un et l'autre d'Abée.

Wangen. — 1697, 27 avril.

Charlotte, fille de très-illustre et généreux seigneur Christophe, libre baron de Wangen, et de très-illustre dame Esther-Éléonore, comtesse de Rothal, née le 27 avril 1697, à Mayence, paroisse Saint-Christophe. Parrain, très-illustre seigneur messire Philippe-Charles, libre baron d'Elz, corévêque et chantre des églises métropolitaines de Mayence et de Trèves, etc.; marraine, très-illustre dame Charlotte, douairière libre baronne d'Orspeck, née comtesse de Boisebourg.

Elz. — 1697, 17 septembre.

Anne-Marie-Antoinette-Bénédicte d'Elz, fille de très-illustre et gracieux seigneur messire Damien-Lothaire, libre baron d'Elz, seigneur d'Elz, etc., et de madame d'Elz, née baronne de Wildborg, née à Coblentz, paroisse Saint-Castor, le 17 septembre 1697. Marraines, très-illustres et gracieuses dames madame Anne, douairière de Kesselstad, et madame Philippine-Antoinette de Hedersdorff, née baronne de Hohnstein ; parrain, très-illustre et gracieux seigneur messire Jean-Guillaume, libre baron d'Elz, chanoine capitulaire de la cathédrale de Trèves, etc.

Elz. — 1700, 9 novembre.

Marie-Françoise-Ève-Thérèse, fille de Damien-Lothaire, libre baron d'Elz, et de madame Marie-Antoinette-Christine de Wilberg, née à Trèves, paroisse Notre-Dame, au mois de novembre 1700, baptisée le 9. Parrain, très-illustre et gracieux seigneur messire François, libre baron d'Elz, chanoine capitulaire et écolâtre de la cathédrale de Trèves, et très-noble dame Marie-Ève de Mérode de Bongard.

Le Bacle. — 1705, 15 novembre.

Marie-Anne, fille de messire Pierre-François Le Bacle, seigneur de Moulin, en Champagne, etc., lieutenant-colonel de dragons, chevalier de l'Ordre de Saint-Louis, et de dame Marie-Sophie de Rogres de Champignelle, née à Maley-le-Roy, le 15 novembre 1705. Parrain, messire Nicolas Le Bacle, chevalier de l'ordre de Saint-Jean de Jérusalem; marraine, Anne de Rossel.

Montmorillon. — 1713, 18 mai.

Anne-Charlotte de Montmorillon, fille de messire Hector-Antoine-Saladin de Montmorillon, ancien capitaine de dragons, seigneur de Lucinié, Chazelot, etc., et de dame Françoise des Gentils, baptisée le 18 mai 1713, a reçu les cérémonies de l'Église en la paroisse de La Chapelle-au-Mans, diocèse d'Autun, province de Bourgogne, le 6 juin 1724. Parrain, messire Louis-Anne de Lagarde de Chambonas de Saint-Thomé; marraine, dame Charlotte-Catherine de La Magdeleine de Ragny, veuve de messire François d'Estu, comte de Trassy.

De Spada. — 1713, 30 décembre.

Gabrielle, fille de M. le marquis de Spada, chevalier d'honneur de Son Altesse Royale Madame, et de dame Marguerite-Claude d'Argencourt-Saint-Martin, née le 30 décembre 1713, à Lunéville.

Gourcy. — 1715, 12 mars.

Elisabeth-Charlotte, fille de haut et puissant seigneur messire Joachim, comte de Gourcy, seigneur de Pagny, capitaine dans les troupes de S. A. Royale, et de dame Louise-Henriette du Hautoy, née le 12 mars 1715, à Nancy, paroisse Saint-Evre.

Pfirdt. — 1715, 3 septembre.

Marie-Antoinette-Joséphine, fille de très-illustre et généreux seigneur Jean-Baptiste, libre baron de Pfirdt, et de très-noble dame Marie-Anne-Rose de Reinach, née à Carspach, baptisée le 3 septembre 1715. Parrains, illustres et révérendissimes seigneurs Frédéric, libre baron de Pfirdt, chanoine de la cathédrale d'Eistedt et grand chantre; illustre et révérendissime seigneur Charles, libre baron de Pfirdt, commandeur de l'ordre teutonique à Rixen et Mulhausen; marraine, Anne de Reinach, née de Roggenbach.

Montmorillon. — 1716, 9 juin.

Jeanne-Lucie, fille de messire Hector-Antoine-Saladin, comte de Montmorillon, seigneur de Luciné, etc., et de dame Françoise des Gentils de Lessens, née à la Chapelle-au-Mans, diocèse d'Autun, le 9 juin 1716. Parrain, messire Jean-Éléonor de Montmorillon, ancien lieutenant-colonel du régiment de Saint-Hermine, son grand-oncle; marraine, demoiselle Magdeleine des Gentils du Helley.

Spada. — 1720, 22 janvier.

Magdeleine, fille de messire Silvestre, marquis de Spada, chevalier d'honneur de S. A. Royale Madame, et de dame Claude-Marguerite d'Argencourt, née à Nancy, paroisse Saint-Evre, le 22 janvier 1720.

Reinach. — 1721, 3 juin.

Marie-Ève-Béatrix, fille d'illustre et très-noble seigneur François-Joseph-Ignace, comte de Reinach, Fonsmagné, Grandvelle, et d'illustre et très-noble dame Marie-Claire, a été baptisée le 3 juin 1721 et a reçu les cérémonies du baptême le 23 avril 1726 dans la paroisse de Fontanie, dans la Haute-Alsace, diocèse de Bâle. Parrains, illustres et très-nobles seigneurs Bent. Sébastien de Breiten-Landerberg, chevalier et conseiller au conseil souverain d'Alsace, et François-Antoine Truchess de Reinfelden, chanoine du très-noble et illustre chapitre de l'église équestre de Saint-Bourchard; marraines, très-noble et illustre dame Marie-Béatrix de Braten-Landeberg, chanoinesse de l'abbaye princière d'Andlau, et illustre et très-noble dame Marie-Ève de Breiten-Landenberg, née Truchess de Rheinfelden.

Ludres. — 1721, 1ᵉʳ novembre.

Marie-Thérèse, fille de haut et puissant seigneur messire Louis, comte de Ludres, seigneur de Richardménil, etc., et de haute et puissante Françoise-Christine de Choiseul-Beaupré, née à Nancy, paroisse Saint-Evre, le 1ᵉʳ novembre 1721.

Reiffenberg. — 1722, 2 novembre.

Marie-Françoise-Ange, fille de très-illustre et gracieux seigneur Anselme-Frideric-Antoine de Reiffenberg, et de madame Marie-Anne d'Elts, née le 2 novembre 1722, à Sayn. Marraine, madame

Marie-Françoise de Reiffenberg-zu-Erlen, née de Hoheneck, et demoiselle Marie-Christine de Reiffenberg, tante du père.

Fiquelmont. — 1722, 6 novembre.

Françoise-Bertille, fille de haut et puissant seigneur messire Charles-Henri, comte de Fiquelmont, baron de Parroye, chambellan de S. A. Royale et lieutenant commandant des chevau-légers de sa garde, et de haute et puissante dame madame Anne-Marguerite de Chauvirey, née à Lunéville, le 6 novembre 1722. Parrain, haut et puissant seigneur messire Jean-Philippe, comte de Cardon de Vidampierre, chevalier, seigneur comte de Vaudeleville, gentilhomme de la chambre de Messeigneurs les princes, conseiller d'Etat de S. A. Royale; marraine, haute et puissante dame madame Catherine-Françoise de Picdebart, marquise de Roquefeuille, épouse de haut et puissant seigneur messire Louis-Philippe de Martigny, comte de Han, chevalier, grand-veneur et conseiller d'Etat de S. A. Royale.

Ludres. — 1723, 25 juillet.

Anne-Élisabeth de Ludres, fille de haut et puissant seigneur messire Louis de Ludres, seigneur de Ludres, Rocharménil, Messein, etc., et de haute et puissante dame Françoise-Christine de Choiseul, née à Nancy, paroisse Saint-Sébastien, le 25 juillet 1723; parrain, messire Louis-Joseph de Ludres jeune, fils; marraine, haute et puissante dame Marie-Élisabeth de Ludres, marquise de Bayon.

Flachsland. — 1725, 6 avril.

Sophie-Marguerite-Richarde, fille de très-noble et gracieux seigneur Jean-Henri-Joseph libre baron de Flachsland, président du conseil aulique et de très-noble dame Joseph, libre baronne de Reinach, baptisée *in ecclesia parochiali Tabernensi diocesis Argensinensis*, le 6 avril 1725. Parrain très-noble et gracieux seigneur Jean-Louis-Albert, libre baron de Wangen, seigneur de Gerolsech *ad Vosagum*; marraine très-noble dame Sophie-Marie, libre baronne de Ramschwag, née libre baronne de Reinach de Hirsbach.

Zu-Rhein. — 1725, 20 septembre.

Marie-Anne, fille de très-noble et vaillant seigneur messire

François-Joseph de ou du Rhein (de Rheno), de très-noble et vertueuse dame, Madame Françoise de Roggenbach de Nider Morschwiller, baptisée en l'église de Morchswiller, le 20 septembre 1725.

Ferrette. — 1729, 6 avril.

Jeanne-Marie-Anne-Charlotte-Béatrix, fille d'illustre et très-noble seigneur Jean-Jacques de Ferrette, seigneur de Saint-André, Auxelle, etc., et d'illustre et très-noble dame Charlotte de Ferrette, née le 6 avril 1729 à Florimond, bailliage de Delle en Alsace. Parrain, très-noble seigneur Beat-Frédéric de Ferrette; marraine, Madame Jeanne-Marie-Anne de Zurheim, chanoinesse d'Epinal.

Warsberg. — 1730, 19 octobre.

Françoise-Louise, fille de très-illustre et gracieux seigneur, monseigneur le baron de Warsberg et de très-illustre et gracieuse Anne Liobée de Greiffenclau, née à Saarbourg, baptisée le 19 octobre 1736. Parrain, M. le baron de Zurheim, chanoine capitulaire des cathédrales de Spire et de Worms; marraine très-illustre dame, Madame Françoise-Louise de Waldt, née de Warsberg.

Dobbelstein. — 1737, 8 février.

Marie-Élisabeth-Françoise, fille de très-illustre seigneur Burchard Charles-Joseph, baron de Dobbelstein, d'Eynenburgh, chambellan de l'Empereur et de Madame Françoise, comtesse d'Hezan de Harras, née à Bruxelles, baptisée en la paroisse de Saint-Jacques du Froidmont, le 3 février 1737; marraine, Marie-Élisabeth, archiduchesse d'Autriche, gouvernante générale de la Flandre autrichienne.

Warsberg. — 1736, 18 mai.

Ève-Joséphine, fille de l'illustre seigneur Charles, libre baron de Warsberg et de l'illustre dame Anne-Liobé, libre baronne de Greiffenclau, née à Trèves, paroisse Saint-Gengoult, le 18 mai 1738. Parrain, l'illustre et révérendissime seigneur Emmeric-Joseph de Breitbach de Bürresheim, chanoine capitulaire des églises métropolitaines de Mayence et de Trèves; marraine, demoiselle Ève-Joséphine, libre baronne de Warsberg, dite de War'elstein.

Du Han. — 1741, 31 août.

Catherine, fille de Monsieur Léopold, comte Du Han, écuyer de

S. A. Royale Madame, et de dame Yolande de Spada, née à Commercy, le 31 août 1741.

MITRY. — 1742, 28 janvier.

Sophie, fille de haut et puissant seigneur messire Jean-Yacinthe, comte de Mitry, et de haute et puissante dame Jeanne-Françoise de Francquemont de Montbelliard, née au Mesnil devant Bayon, diocèse de Toul, le 28 janvier 1742. Parrain, messire Charles-Joseph de Mitry; marraine, mademoiselle Marguerite-Antoinette de Mitry.

SCHAVENBOURG. — 1743, 17 avril.

Marie-Gabrielle-Anne-Ursule-Jacobée, fille de haut, illustre et gracieux seigneur, messire François-Joseph-Eusèbe, libre baron de Schavenbourg, seigneur d'Herlesheim, et d'illustre et gracieuse dame Marie-Anne-Claire-Béatrix-Hélène-Jacobée-Ursule-Octavie, baronne de Zurhein, née à Herlesheim (en Alsace), le 17 avril 1743. Parrain, révérendissime Jean-Ferdinand, libre baron de Schavenbourg, chanoine et archidiacre de l'église métropolitaine d'Arlesheim; marraine, révérendissime Gabrielle de Spada, abbesse des chanoinesses d'Épinal.

DOBBELSTEIN. — 1744, 17 mai.

Marie-Anne-Marguerite-Josèphe-Charlotte-Julie-Albine, fille de très-illustre seigneur Charles-Joseph Burcart, libre baron de Dobbelstein et du Saint-Empire, chambellan de l'Empereur, et de dame Françoise-Thérèse d'Urzan de Harras, née à Nivelle, paroisse Saint-Jean-Baptiste, le 17 mai 1744. Parrain, Charles-Auguste-Henri, baron de Dobbelstein d'Einenbourg; marraine, très-illustre dame Marie-Marguerite-Joseph Doyenbruge, des comtes de Duras, chanoinesse du chapitre noble de Nivelle.

SCHAVENBOURG. — 1744, 25 juillet.

Marie-Anne-Françoise-Catherine de Schavenbourg (sœur germaine de Marie-Gabrielle), née à Herlesheim, le 25 juillet 1744. Parrain, Jean-François Benoît, comte de Reinach, chevalier de Malte; marraine, Marie-Françoise-Catherine de Ferriet, née de Leyenbourg.

PONS-RENNEPONS. — 1744, 4 août.

Louise-Charlotte-Alexandrine, fille de messire Claude-Alexandre de Pons, comte de Rennepont, seigneur de Roche-Betaincourt et Caltre, et de Madame Marie-Louise Chrétienne de Saint-Blimond, née à Roche-sur-Rognon, diocèse de Langres, le 4 août 1744. Parrain, messire Claude-Alexandre de Pons, marquis de Rennepont, son aïeul, seigneur de Roche, etc., maréchal des camps et armées du roi; marraine, Louise-Charlotte-Élisabeth de Grequy, marquise de Gouffier.

Bocklin de Bocklins-Au. — 1747, 4 juin.

Marie-Anne-Françoise-Euphémie, fille de très-noble seigneur François-Auguste-Ferdinand de Bockel de Bocklins-Au, conseiller et directeur du directoire de la noblesse de la Basse-Alsace et de très-noble dame Marie-Anne de Zurheim, née le 4 juin 1747 à Strasbourg, paroisse Saint-Laurent. Parrain, très-noble seigneur François-Joseph de Zurheim, seigneur de Nider-Morschwiller, son aïeul, représenté par révérendissime et très-noble seigneur François-Louis de Zurheim, chanoine de Bruchsal, diocèse de Spire, son fils; marraine, très-noble dame Françoise-Marie de Roggenbach, femme dudit seigneur François-Joseph de Zurheim.

Gourcy. — 1749, 3 mars.

Marie-Anne-Victoire-Angélique-Joséphine, fille de messire André-Mathieu, comte de Gourcy, capitaine aide-major du régiment royal barrois et de Mme Angélique, comtesse de Gourcy, née à Pont-à-Mousson paroisse Sainte-Croix, le 3 mars 1749. Parrain M. le comte Louis de Gisors, colonel du régiment Royal-Barrois, représenté par messire Benjamin de Cuigy, capitaine audit régiment; marraine S. A. I. Marie-Anne-Victoire de Savoie, princesse de Carignan, représentée par demoiselle Appoline-Adriane de Gourcy.

Schavenbourg. — 1749, 3 mai.

Marie-Reine-Henriette de Schavenbourg, née à Herlesheim, sœur germaine de la précédente, le 3 mai 1749. Parrain Joseph-Antoine Villaume de Schavenbourg et marraine, dame Henriette de Wangen, chanoinesse de Remiremont.

Zu-Rhein. — 1749, 13 septembre.

Marie-Ursule-Hélène-Magdeleine-Catherine, fille de très-noble seigneur François-Joseph de Zu-Rhein et de dame Marie-Eve-Catherine, née Zu-Rhein, née à Darnach, diocèse de Bâle, le 13 septembre 1749. Parrains très-illustre seigneur Antoine de Schavenbourg, chevalier de l'ordre Teutonique, commandeur de Rixhem, Jacques Willaume de Reinach, chantre de l'église cathédrale de Basle et François-Louis de Zu-Rhein, chanoine de Bruxal; marraines très-illustres dames Mᵐᵉˢ Marie-Ursule de Zurheim, chanoinesse de Remiremont, Hélène de Roggenbach, chanoinesse de Seckingen, Catherine de Gimel, chanoinesse de Remiremont.

Du Han. — 1749, 4 novembre.

Charlotte-Félicité, fille de messire Léopold, comte Du Han, chambellan de S. M. Impériale et de dame Françoise d'Adheimar de Monteil de Marsanne, née à Nancy, paroisse Saint-Evre, le 4 novembre 1749.

Le Bacle. — 1751, 7 janvier.

Marie-Louise-Victorine, fille de haut et puissant seigneur messire Jean-Louis-Nicolas Le Bascle, comte d'Argenteuil, chevalier de l'ordre militaire de Saint-Louis, lieutenant général pour le Roi, des provinces de Champagne et Brie, gouverneur de la ville de Troyes, en survivance de M. le marquis, son père, seigneur de Villemaréchal, Chevrin, Villiers, Sainte-Ange le Vieil, Baslin, Villeron, etc. et de haute et puissante dame Mᵐᵉ Marie-Angélique le Veneur, née le 7 janvier 1751, à Villemaréchal, diocèse de Sens, élection de Nemours. Parrain haut et puissant seigneur messire Louis d'Estourmel, chevalier baron de Capy, seigneur de Susanne, Frise; et marraine haute et puissante dame Louise-Anne-Victoire de Rogres, épouse de haut et puissant seigneur Monseigneur Jean-Louis Le Bacle, marquis d'Argenteuil, chevalier, comte d'Epineul, conseiller du Roi en tous ses conseils d'État et privé, lieutenant général pour S. M. des provinces de Champagne et Brie, gouverneur de la ville de Troyes, seigneur de Pouy le Chastelier, Flacy, les Essars, Mailly, Fouchères, Rosson, etc.

Flavigny. — 1751, 13 octobre.

Anne-Charlotte, fille de messire François-Philippe de Flavigny, chevalier, seigneur de Lyey, Rumigny, Helincourt, Canlers et Obermon, capitaine au régiment de dragons de la Reine et de dame

Magdeleine de Spada, née à Lyez, juridiction de Chaulny, diocèse de Noyon, généralité de Soissons, le 13 octobre 1751. Parrain S. A. Monseigneur le prince Charles de Lorraine ; marraine S. A. Royale Mme la princesse de Lorraine.

SCHAWENBOURG. — 1754, 7 mars.

Ludovine-Françoise Salomé, fille de très-noble seigneur Antoine-Joseph de Schawenbourg, seigneur de Geisbach, Bervard et Bartringen et de très-noble dame Elizabeth-Antoinette de Zuckmantel de Brunel, née à Luxembourg, paroisse Saint-Nicolas. Parrain très-noble et très-illustre seigneur François-Théodore Mohr de Waldt, chanoine capitulaire de l'église cathédrale de Worms et marraine très-noble dame Ludovine Salomé de Schawenbourg, dame de Geisbach, Bartringen, etc.

PONS-RENNEPONT. — 1758, 4 mars.

Marie-Catherine-Louise-Thérèse de Pons, sœur germaine de celle mentionnée ci-dessus. Parrain haut et puissant seigneur messire François-Xavier, comte de Pons, chevalier, seigneur de Saint-Chéron, représenté par messire Bernard-Alexandre-Elizabeth de Pons, son frère ; marraine haute et puissante dame Marie-Catherine du Chatelet-Lomont, marquise de Marmier, représentée par Mme Louise-Charlotte-Alexandrine de Pons, sa sœur.

LE BACLE. — 1759, 3 novembre.

Anne-Gabrielle, fille des mêmes que la précédente dame Le Bacle. Parrain haut et puissant seigneur, Monseigneur Jacques-Tanneguy Le Veneur, comte de Tillières, seigneur de Carrouges, Lignières, etc., maréchal des camps et armées du Roi ; marraine haute et illustre dame Mme Anne-Gabrielle Le Veneur, sœur du parrain, duchesse de Chatillon, veuve de haut et illustre seigneur messire Alexis-Magdeleine-Rosalie, duc de Chatillon, pair de France, chevalier des ordres du Roi, lieutenant général de la Haute et Basse-Bretagne et des armées de S. M., grand bailli de la préfecture de Haguenau, gouverneur de Monseigneur le Dauphin, grand maitre de sa garde-robe et premier gentilhomme de sa chambre.

MONTMORILLON. — 1760, 29 janvier.

Louise, fille de haut et puissant seigneur messire François-Saladin, comte de Montmorillon, seigneur de Lucenié, Chazelot, le Neuuilliar, etc. et de haute et puissante dame M᷾ᵐᵉ Marie-Sophie de Frasse-d'Anglure, née à la Chapelle-au-Mans, diocèse d'Autun, le 29 janvier 1766. Parrain messire Laurent de Montmorillon, prieur de Moutet-aux-Moines et comte de Lyon ; marraine M᷾ᵐᵉ Louise de Montmorillon, chanoinesse d'Epinal.

GOURCY. — 1766, 28 décembre.

Marie-Charlotte-Cleriadus, fille de haut et puissant messire Léopold-Charles-Laurent, comte de Gourcy, ancien capitaine au service de S. M. I. et R. et de haute et puissante dame M᷾ᵐᵉ Marie-Thérèse de Gourcy, née comtesse de Ligniville, née à Nancy, paroisse de St-Sébastien, le 28 décembre 1766. Parrain haut et puissant seigneur messire Claude-Antoine-Cleriadus, marquis de Choiseul, lieutenant général des provinces de Champagne et de Brie, maréchal des camps et armées du roi, inspecteur général de la cavalerie et dragons et commandant des provinces de Lorraine et de Bar ; marraine haute puissante dame M᷾ᵐᵉ Marie-Charlotte, comtesse de Gourcy, douairière de messire Balthazar-Henri, comte de Saint-Mauris.

PICOT DE DAMPIERRE. — 1766, 6 octobre.

Anne-Emilie, fille de haut et puissant seigneur messire Pierre Picot, marquis de Dampierre, capitaine aux gardes françaises et de haute et puissante dame Emilie Le Prestre, née à Dampierre, élection de Bar-sur-Aube.

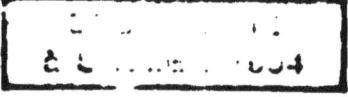

www.ingramcontent.com/pod-product-compliance
Lightning Source LLC
Chambersburg PA
CBHW062011070426
42451CB00008BA/648